파워 전도수첩

영적 새 생명을 잉태하는 태신자

도서출판 두돌비

Contents

머리말	5
전도자에게 주는 축복	6
전도수첩을 다양하게 활용하는 법	8
태신자에 대하여	10
태신자 전도	17
죠지뮬러의 기도노트	61
중보기도	65
개인기도	99
설교요약	121
영적상태에 따른 복음전달 방법	148
질의 응답 방법	151
성경 읽기표	158

머리말

예수 믿어 구원 받은 하나님의 백성이 되면 그 순간부터 반드시 갚아야 하는 빚이 있는데 그것은 영혼을 구원하는 전도입니다. 전도는 예수님으로부터 시작된 것입니다. 따라서 전도는 해도 좋고 안해도 좋은 것이 아니라 하나님의 자녀라면 교회 밖의 불신자들에게 복음을 소개하고 그 구원의 감격을 함께 공유하고 체험하여 생명의 길로 나아오도록 이끌어 주어야 할 사명이 있습니다. 구원 받은 그리스도인이라면 전도는 선택할 여지가 없습니다. 당연히 해야 할 사명이요 가장 큰 책무입니다. 그럼에도 불구하고 전도는 열심 있고 재주 있는 몇 몇 사람들이나 하는 것일 뿐 자기는 감히 할 수 없는 일로 아예 시도 조차 해보지 못하는 사람들이 대부분임을 부인할 수 없는 교회의 현재 모습입니다. 지금 많은 그리스도인들은 전도하고 싶지 않아서가 아니라 어떻게 전도해야 하는지를 몰라서 자신감을 얻지 못하고 망설이다가 전도의 열매를 맺지 못하는 자신의 신앙생활에 대하여 회의를 느끼고 회개만을 반복하는 실정입니다. 지금까지 주로 전도의 중요성을 열심히 강조하면서도 그 방법과 수단에 대하여 소홀히 했던 교회 교육에도 적잖은 책임이 있습니다.

이러한 때에 이 전도수첩은 모든 그리스도인들에게 전도에 자신감을 갖고 생활화 할 수 있는 좋은 대안이 될 수 있을 것입니다. 이 전도수첩을 통해서 전도의 큰 열매를 맺어 주님께 갚아야 할 빚을 갚을 뿐 아니라 전도의 놀라운 사명자로 쓰임 받게 되기를 바랍니다. 이 전도수첩을 사용하다 보면 영혼이 구원되는 성령의 역사가 무엇인지를 생활 현장에서 생생하게 체험하게 될 것입니다.

전도자에게 주는 축복

사도 바울이 복음을 전하지 않으면 자신에게 화가 있을 것이라고 하였는데 이를 바꾸어 말하면 복음을 전하는 사람에게는 축복이 있을 것이라는 말이 됩니다. 그렇습니다. 전도하지 않는 사람에게는 화가 있지만 전도하는 사람에게는 이루 말할 수 없는 하나님의 축복이 함께 하십니다. 그런데 이것도 모르고 요즈음 화를 화로 여기지 않고 전도의 무감각증에 걸려 있는 신자들이 많습니다. 이를 가리켜 영적인 문둥병자들이라고 일컬을 수 있습니다. 참으로 안타까운 일이 아닐 수 없습니다. 그러면 전도자에게 주시는 하나님의 축복은 무엇입니까?

1. 생활의 복을 받습니다

"그러므로 내가 너희에게 이르노니 목숨을 위하여 무엇을 먹을까 무엇을 마실까 몸을 위하여 무엇을 입을까 염려하지 말라…… 이는 다 이방인들이 구하는 것이라 너희 하늘 아버지께서 이 모든 것이 너희에게 있어야 할 줄을 아시느니라 그런즉 너희는 먼저 그의 나라와 그의 의를 구하라 그리하면 이 모든 것을 너희에게 더하시리라"(마 6:25-33) 먹을 것, 입을 것, 쓸 것을 주님이 책임져 주십니다.

2. 생활이 변합니다

"이같이 너희 빛이 사람 앞에 비치게 하여 그들로 너희 착한 행실을 보고 하늘에 계신 너희 아버지께 영광을 돌리게 하라"(마 5:16)

전도자는 전도할 때에도 자신이 그리스도를 보여줄 수 있는 형체가 되어야 한다는 것을 알고 있기 때문에, 생활의 변화는 자동적으로 이루어집니다.

3. 응답의 삶을 살게 됩니다

"그를 향하여 우리가 가진 바 담대함이 이것이니 그의 뜻대로 무엇을 구하면 들으심이라 우리가 무엇이든지 구하는 바를 들으시는 줄을 안즉 우리가 그에게 구한 그것을 얻은 줄을 또한 아느니라"(요일 5:14-15)

전도자는 기도할 때에 기도의 초점이 분명하기 때문에 기도하는 것마다 하나님의 응답을 끌어 내릴 수 있습니다. 전도자는 자신을 위하여 구하는 것보다는 남을 위해 구하며 주님의 영광을 드러낼 수 있는 기도를 하기 때문에 기도의 응답은 당연한 것입니다.

4. 사단, 마귀를 대적하는 삶을 살게 됩니다
"그런즉 너희는 하나님께 복종할지어다 마귀를 대적하라 그리하면 너희를 피하리라"(약4:7)

마귀의 권세아래 놓여 있는 영혼들을 건져내다 보면 자연히 마귀를 대적하고, 이기는 능력있는 삶을 터득하게 됩니다.

5. 항상 기쁨으로 충만한 삶을 살게 됩니다
"그 주인이 이르되 잘하였도다 착하고 충성된 종아 네가 적은 일에 충성하였으매 내가 많은 것을 네게 맡기리니 네 주인의 즐거움에 참여할지어다"(마25:21)

주인의 즐거움에 참여한다는 것은 주님이 기뻐하시는 것을 같이 기뻐하고, 같이 누리는 복 가운데 들어간다는 말입니다.

6. 천국에서 받을 상급이 큽니다
"나로 말미암아 너희를 욕하고 박해하고 거짓으로 너희를 거슬러 모든 악한 말을 할때에는 너희에게 복이 있나니 기뻐하고 즐거워하라 하늘에서 너희의 상이 큼이라 너희 전에 있던 선지자들도 이같이 박해하였느니라"(마5:11-12)

전도자는 이 땅에서 복음을 위하여 고난 받는 삶을 살았으므로 천국의 상급이 큰 것은 당연한 것입니다. 축복 때문이 아니라 주님을 사랑하기 때문에 전도인의 직무를 잘 감당할 수 있는 일꾼이 되어야 합니다. (딤후 4:5)

전도수첩을 다양하게 활용하는 법

전도행사
총동원 전도운동, 태신자 전도운동 등 교회에서 실시하는 다양한 전도프로그램에 실제적으로 활용할 수 있습니다.

소그룹모임(구역전도)
구역(속회)이나 소그룹 모임에 전도수첩을 활용하여 현장전도의 경험을 서로 토론하며 나누게 한다면 소그룹 모임이 역동적인 모임으로 크게 활성화되는 것은 물론 교회가 부흥하는 실제 동력이 될 것입니다.

전도대원 훈련
전도수첩을 통하여 하나님의 역사에 대하여 확신을 갖고 하나님의 역사하심을 생생하게 체험한 성도들은 다른 전도훈련을 받을 것도 없이 누구에게나 하나님과 예수 그리스도에 대하여 설득력있게 증거하게 될 것입니다.

주일학교 부서 신앙생활훈련
유·초등부, 중·고등부, 대학·청년부 부서에서 전도수첩을 통하여 꼼꼼하게 전도훈련을 받고 실천한다면 어려서부터 영혼 구원의 중요성을 깊이 깨닫게 될 것이며, 전도의 확신과 자신감을 갖게 될 것입니다.

전도수첩을 사용할 때 얻는 유익들

첫째 | 전도하기가 쉬워집니다
전도할 때 가장 어려운 것은 전도 대상자가 허구적이라는 데 있습니다. 예컨대 동네 사람들, 직장동료, 학우들, 친척들 등 이런 형식으로 전도할 대상자를 선정합니다. 사실 이런 형식으로 전도 대상자를 선정하는 것은 현실적으로 불가능하고 허황된 것입니다. 따라서 이 수첩을 사용하다 보면 현실적으로 불가능하고 허황된 전도를 탈피하여 꼼꼼하고, 정확하고, 분명한 전도 대상자를 선정하여 실제적인 전도를 전개해 나갈 수 있습니다.

둘째 | 확신을 가지고 전도할 수 있습니다

대부분의 생활 속에서의 전도가 실패로 돌아가는 이유는 확신이 없기 때문입니다. 확신이 없는 근본적인 이유는 전도 대상자에 대한 밑그림이 전혀 준비되어 있지 않은 가운데 막연히 전도한다거나, 전도 대상자에 대하여 지속적으로 관리할 수 있는 틀이 마련되어 있지 않기 때문입니다. 그러나 이 수첩을 사용하게 되면 전도 대상자에 대하여 꼼꼼한 관리가 이루어지고, 또한 전도 대상자에 대하여 지속적인 관심을 쏟을 수 있기 때문에 확신과 자신감을 가지고 전도할 수 있습니다.

셋째 | 전도의 열매가 분명해집니다

전도 대상자를 놓고 기도하는 가운데 성령의 도우심을 받아 준비된 영혼을 찾아내어 그를 태신자로 품고, 주님을 영접하기까지 관심과 사랑을 가지고 그 심령을 꾸준히 개간하는 방향으로 전개해 나가기 때문에 전도의 열매가 분명해집니다.

넷째 | 전도를 체계적으로 할 수 있습니다

전도수첩을 사용하여 전도하는 유익은 전도를 체계적으로 할 수 있다는 것입니다. 준비된 영혼(태신자)에 대하여 전도 출발부터 마무리까지 맹목적이 아닌 꼼꼼한 기록이 이루어지고, 기록을 통해서 상대방의 태도나 반응을 보며 그에 따른 적절한 조치를 취할 수 있기 때문에 막연한 전도가 아닌 체계적이고 확실한 전도를 실천할 수 있습니다

다섯째 | 전도가 은사가 아니라 사명이란 것을 깨닫게 됩니다

전도에 대하여 자신감을 갖지 못한 사람이 전도를 잘하는 사람을 보면 "전도도 은사인가 보다"라는 생각을 갖습니다. 그러나 이 전도수첩을 사용하다 보면 전도는 은사가 아니라 사명인 것을 분명하게 깨닫게 될 것입니다.

여섯째 | 개인과 교회에 놀라운 부흥과 발전이 일어납니다

교회 성장학자에 의하면 한국교회는 현재 성장이 정체되어 있거나 둔화된 상태라고 지적합니다. 그러나 한 영혼을 태신자로 품고 기도하고 전도하다 보면 전도자의 심령에 불이 붙게 되고, 전도 대상자의 심령에도 불을 붙이게 되는 역사가 일어날 수 있습니다. 따라서 교회 부흥과 개인의 신앙 성숙은 자연스럽게 일어날 수 있습니다.

태신자란?

우리가 생활에 필요한 새 단어를 옛말에서 찾기 어려울 때가 있습니다. 그래서 조어가 창출되기 마련입니다. 조어란 "글자의 뜻을 따라 필요한 용어를 만든 어휘"를 가리킵니다. 태신자도 조어의 하나입니다. 글자의 배열에 따라 한문 문법대로 하면 태신자란 '믿음을 잉태한 사람'을 가리킵니다. 그러나 여기서는 '믿음으로 마음에 잉태한 전도 대상자' 란 뜻으로 사용합니다.

태신자 전도란?

태신자 전도는 어떤 개인을 전도하고자 할 때 그의 죽어 있는 영혼을 나의 마음 속에 잉태하여 하나님 아버지께 간절히 기도함으로써 성령의 감동으로 그 영혼이 깨어 주님을 영접하게 된다는 원리입니다. 물론 기도뿐 아니라 사랑의 봉사와 인격적인 접촉을 통해서 그와 친밀하게 되고, 닫혀 있던 마음 문을 스스로 열었을 때 진리의 말씀을 심어 주는 역할이 요청됩니다.

사람은 남녀의 정자와 난자의 만남으로 시작하여 여인의 자궁 속에서 10개월 동안 성장한 후 산고의 고통을 거쳐 세상에 태어납니다. 이처럼 한 생명이 태어나기 위해서는 어렵고 긴 시간의 인내와 고통이 있기 마련입니다. 하물며 허물과 죄로 죽었던 한 영혼을 주님 안에서 살린다는 것(엡 2:1)은 실로 엄청난 일입니다. 사람의 힘만으로는 도저히 불가능한 일이고, 오직 성령의 도우심을 입으며 산고의 노력을 쏟을 때 이루어질 수 있는 신령한 일입니다. 태신자 전도는 새 생명을 태동 시키고자 하는 여인의 마음과 태동한 어린 생명을 태중에서 키우는 산모의 심정을 가지고, 영적인 새 생명을 태동시켜서 건강한 새 생명의 출산을 이루어 내는 것을 말합니다.

태신자는 어떻게 정하는가?

첫째 | 믿음으로 선정해야 합니다

태신자의 현 위치는 교회 밖입니다. 교회 밖에 있는 저들을 교회 안에 있는 모습으로 바라보기 위해서는 오직 믿음의 눈이 필요합니다. 우리는 완고하고 무뚝뚝하고 무관심한 이웃을 낙심치 말고 열린 마음과 긍정적인 시야로 주목하고,

하나님의 은혜 가운데 반드시 성공할 수 있다는 믿음을 가져야 합니다. 태신자 전도는 내 마음에 하나님의 능력을 의지하고, 불신 이웃을 인도하기로 결단하며, 하늘의 상급을 바라보는 산 믿음으로부터 싹이 트게 됩니다.

둘째 | 관계중심으로 선정해야 합니다

현대인의 문제의 대부분은 관계의 문제입니다. 그런고로 인간관계, 사회적 관계야말로 복음 전도의 최상의 수단이 됩니다. 어떤 기존 신자도, 어떤 불신 이웃도 주위와 관계를 형성하지 않은 사람은 없기 때문입니다. 우리가 성경에서 보는 생활양식 전도는 이미 수립된 관계를 통해서 효력을 발생하였습니다. 안드레는 베드로에게, 빌립은 나다나엘에게, 우물가 여인은 자기 마을 사람들에게, 빌립보의 간수는 그 집의 모든 사람들에게 복음을 전했습니다. 따라서 우리는 모든 나의 이웃들에게 사랑의 다리를 놓고, 내가 관심 갖는 모든 관계 속에서 태신자의 가능성을 최대한 살펴야 합니다.

둘째 | 관계중심으로 선정해야 합니다

오스카 톰슨은 '관계중심전도'(나침반사 간행)에서 생활양식 전도방법을 말하면서 전도를 위한 관계 동심원을 제시하였습니다.

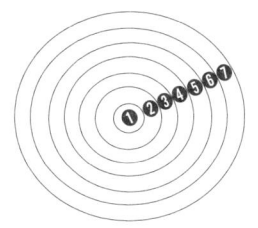

[전도 관계의 동심원]
❶ 자아
❷ 가족
❸ 친척
❹ 친한 친구
❺ 이웃·사업동료
❻ 아는 사람들
❼ 그 밖의 사람

복음은 인접한 관계의 노선 위로 움직여 갑니다. 우리는 우리 영향권 안에 있는 모든 사람에 대하여 책임을 가져야 합니다. 따라서 심지어 나와 다툰 적이 있는 사람이라든가, 나를 오해했던 이웃, 갈등하고 있는 고용인과 고용주도 태신자의 기회가 될 수 있는 것입니다. 이제 눈을 들어 나의 태신자를 발견해 봅시다. 가족 중 불신자, 전에 믿다가 낙심한 이웃, 친척, 친구, 옆 집사람, 세든 사람(혹은 주인), 단골 손님, 거래처, 경로당 노인, 고향 사람, 취미 그룹 회원…, 이들은 이제 우리의 태신자가 될 수 있습니다. 이들을 놓고 기도할 때 내가 잉태할 태신자는 선명하게 다가올 것입니다.

태신자를 **확실히** 얻기 위한 **전략**

1. 성령님의 인도를 따라 준비된 영혼을 찾아 내십시오
태신자를 잉태하려면 준비된 영혼을 찾아내야 합니다. 이것은 주위의 많은 사람들 가운데서 실제로 내가 잉태할 수 있는 사람을 발견해 내는 일입니다. 그러므로 성령님의 인도를 받아야 합니다. 어부들에게 있어서 갈매기들은 종종 어디서 물고기를 잡아야 하는지 가르쳐 주는 열쇠가 된다고 합니다. 갈매기들은 물고기들이 먹이를 찾으러 물위로 올라오는 부근을 종종 배회하곤 하는데, 이것이 어부들에게 물고기가 어디에 많이 있는지 가르쳐 주는 열쇠가 된다고 합니다. 우리가 잉태할 수 있는 태신자의 열쇠를 쥐고 계신 분은 우리를 인도하시는 영이신 성령님이십니다. 성령님이 붙여주시는 태신자를 얻기 위하여 무릎으로 기도하십시오.

2. 주소를 확보하십시오
태신자의 주소나, 거주하고 있는 위치가 불명확하면 그들을 주님 앞으로 인도하기 위한 가장 기초적인 것이 마련되어 있지 않은 상태입니다. 따라서 이름과 전화번호, 주소 만큼은 반드시 확보되어야 합니다.

3. 전도 수첩에 확실히 기록하십시오
태신자가 내성적인지, 능동적인 성격의 소유자인지를 파악하는 것도 중요합니다. 믿었던 사람인지 불신자인지, 또는 이혼한 사람이지 사업에 실패한 사람이지, 또는 기혼자인지 미혼인지를 정확하게 파악하여 수첩에 기록합니다. (특정란과 기억할 기도 제목란을 활용할 것)

4. 태신자와의 관계를 조심성 있게 발전시켜 나가십시오
아이를 잉태한 임산부가 출산하기까지 과격한 몸놀림을 피하고 매사에 조심성 있게 행동하듯이 태신자를 잉태한 전도자도 태신자와의 관계를 조심성 있게 발전시켜 나가야만 합니다. 태신자와 전도자의 성공적인 관계는 태신자가 예수 그리스도를 영접 했을 때 교회와 태신자, 나아가 예수님과 그의 관계에도 영향을 줍니다.

5. 터치(touch)를 많이 하십시오

건강한 출산은 건강한 임신으로만 가능 하듯이 영적으로 잉태된 태신자를 건강하게 출산하려면 사람의 접촉을 많이 가져야 합니다. 그리고 접촉을 많이 하면 할수록 그만큼 관계도 돈독해지고 친화관계를 강화시킬 수 있습니다. 태신자에게는 어떤 의미로든 접촉이 많아야 합니다. 태신자가 호감 갖는 접촉 방법을 연구해 보십시오.(예 : 선물, 식사초대, 생일 엽서/이메일, 결혼 기념일 축하엽서, 특별음식 나눠먹기 등)

6. 기도로 일관 하십시오

태신자를 잉태할때나, 그들을 접촉할때나, 그들을 주님 앞으로 인도하기까지 계속적인 기도로 그들을 품는 일은 태신자 전도의 건강한 영적출산을 좌우합니다. 태신자를 위한 전도자의 기도는 주님 보시기에 태교음악과 같습니다. 구역모임을 가질때에도 영적 출산을 저해하는 요소는 없는가 파악하고 구역원들과 함께 전도노트에 기록된 태신자를 놓고 합심하여 기도하는 것이 좋습니다.

7. 분명한 복음의 메시지를 가지고 있으십시오

태신자에게 복음 전달의 기회가 주어졌을 때 자신의 간증을 통해서나, 또는 책자를 통해서나, 분명한 복음의 메시지를 전달할 수 있어야 합니다. 복음을 전달할 수 있는 절호의 기회가 주어졌는데도 전달할 수 있는 복음이 없다면 새 생명의 출산을 앞둔 산모가 자신의 준비 부족이나 실수로 아이를 사산시키는 것이나 마찬가집니다. 그러므로 태신자에게 복음을 전달할 수 있는 기회가 주어졌을 때 언제든지 자연스럽게 복음을 전달할 수 있도록 확실하게 복음의 메시지를 준비해 놓는 것이 좋습니다.

8. 인도할 시기를 잘 선정하십시오

태신자를 주님 앞으로 인도할때도 타이밍(timing)을 잘 맞추는 것이 중요합니다. 타이밍은 전도 뿐만이 아니라 모든 분야에서 다 적용되는 것 같습니다. 예컨대 야구에서 '어떤 타자가 훌륭한 타자인가' 하는 것은 타이밍을 잘 맞추어 베트를 휘두르는 사람입니다. 도루 역시 타이밍을 잘 맞추는 사람입니다. 이와같이 태신자를 주님 앞으로 인도하는 것이 타이밍이 잘 맞지 않으면 오히려 역효과를 발생할 수도 있습니다. 그러므로 언제, 어느 때에 주님 앞으로 인도해야만 상대방이 수긍할 수 있을것인지 타이밍을 잘 포착하는 것이 중요합니다.

태신자를 위한 영적 임산부 수칙

1. 영적인 정기 진단을 해야 합니다
모든 공예배에 빠짐없이 참석함으로써 산모의 영적 건강을 위해 전념하고, 질병(죄)을 예방하며, 말씀으로 건강진단을 해야 합니다.

2. 영적인 초음파 검사를 해야 합니다
태신자의 정상 분만을 위해서는 태신자에게 자주 전화를 하고, 계속 관심을 가지며 사랑의 표현을 끊임없이 해야 합니다.

3. 영적인 영양섭취가 있어야 합니다
태어날 새 생명의 영적 성장을 위해 교회 간행물, 목사님의 설교 테이프, 복음에 관계된 책자 등을 전해 주어 건강한 영적 새 생명을 출산하도록 해야 합니다.

4. 유산을 예방해야 합니다
매일 성경 쓰기와 읽기로 산모 자신의 건강을 위해 힘쓰며, 그 말씀대로 순종하여 영적 영양섭취를 골로루 해야 합니다.

5. 태교가 있어야 합니다
무리하게 세상일에 열중하면 생명관리를 소홀히 하기 쉬우므로 영적 무장을 위해 매일 하나님의 은혜 안에 있도록 규칙적인 기도 생활에 힘써야 합니다.

태신자에게 잊을 수 없는 산모가 되려면
1. 태신자가 부담을 갖지 않도록 배려하십시오.
2. 모든 것을 다 아는 것처럼 자랑하지 마십시오.
3. 태신자가 상처 받지 않을 포근함을 지니십시오.
4. 축하의 말과 위로의 말을 놓치지 마십시오.
5. 당신을 만나면 무엇인가 배울 수 있는 사람이 되게 하십시오.
6. 상대방의 이야기를 끝까지 경청하십시오.
   최고의 상담자는 상대방의 이야기를 잘 들어주는 사람입니다.

태신자 양육

태신자를 영적 출산하는 것으로만 산모의 의미가 종결된 것은 아닙니다. 영적으로 태신자를 출산 했으면 태신자가 어느 정도 신앙으로 성숙해져서 교회에 정착할 때까지 영적인 어머니의 역할을 감당해야만 하는 책임이 동반됩니다. 처녀에게서는 갓난아이를 양육할 수 있는 젖이 나오지 않지만 산모는 갓난아이를 양육할 수 있는 젖이 생산되게 되어 있습니다. 영적인 산모도 마찬가지입니다. 태신자를 출산하기 전까지는 양육할 수 있는 에너지가 생산되지 않지만 일단 영적으로 태신자를 출산하면 에너지가 저절로 생산되게 되어 있습니다. 어머니는 아이를 기르기 위해서 육아법 세미나라든가 육아훈련을 지도하는 기관을 찾아다니며 전문교육을 받지 않습니다. 그냥 아이를 낳고 기르다 보면 저절로 육아 양육을 터득하게 됩니다. 영적인 산모가 태신자를 양육하는 것도 마찬가지입니다.

태신자를 출산하였으면 양육할 수 있는 양육법도 저절로 주어지게 되어 있습니다. 양육 중에서 최고 좋은 양육은 관심과 사랑입니다. 성경공부나 교리교육에 치중해서는 안됩니다. 지식적 교육이 훌륭한 신앙인을 만들어 내는 것이 아니라, 사랑이 훌륭한 신앙인을 만들어 냅니다. 양육을 지적인 교육에만 치중하면 교회는 지식을 전수하는 학교가 되고, 교실형 교회가 되어버릴 수 있습니다. 또한 때에 따라서 교만한 그리스도인만 제조하는 것이 될 수 있습니다. 따라서 가르치는 기술은 부족할지라도 관심을 갖고 만나고, 들어주고, 사랑해 주는 인격의 부딪침으로 양육해야만 합니다. 이렇게 해야만 태신자를 인격적인 신앙성숙을 가져오게 할 수 있고, 주님을 닮는 삶을 살게 만들 수 있습니다. 이것이 영적인 산모가 할 수 있는 최고의 양육입니다.

실제적인 태신자 양육은 어떻게 할 것인가?

태신자가 교회에 출석하게 되면 신앙생활이나 교회 생활에 대하여 전혀 백지 상태입니다. 태신자에게 신앙과 교회 생활에 대하여 궁금한 것이 얼마나 많겠습니까? 이 궁금증을 풀어 주지 않으면 태신자는 신앙과 교회생활에 대하여 흥미를 잃게 될 것이고, 원망하게 되고 결국은 실족하게 될 것입니다. 따라서 산모는 유아사망이라는 슬픈 비극을 맞지 않으려면 미역국이나 먹으면서 드러누워 있으면 안되고 태신자가 교회의 성도로 확실하게 정착하기까지 산파와 헬퍼(도와주는 사람)의 역할을 감당해낼 수 있어야 합니다. 그러면 태신자의 믿음 생활을 어떻게 도울 수 있는지 몇 가지 방안을 제시해 보기로 하겠습니다.

첫째, 무엇보다도 중보기도가 필요합니다. 우리는 기도가 모든 영적 전쟁에서 필요한 기본적인 무기라는데 대하여 공감할 것입니다. 기도는 전투에서 폭발적인 힘을 낼 수 있는 총알과 폭탄과 같습니다. 주님께서는 마귀를 내어 쫓은 후 제자들이 어떻게 이런 일을 행할 수 있습니까? 라고 물어보자 "기도 외에는 이런 유가 나가수 없느니라"(막 9:29) 고 말씀하셨습니다. 기도의 폭탄을 매일의 삶 속에서 터뜨릴 때 사단과의 영적 전쟁에서 승리하게 될 것입니다. 중보 기도는 우리의 태신자와 함께 영적 전투장에서 한 호속에 들어가 적과 싸우는 무기인 것입니다.

둘째, 성경 말씀을 접할 수 있는 많은 기회를 제공하는 것입니다. 성경말씀은 전쟁터에서의 군수품과 같은 것입니다. 만약 병사들에게 양식과 물이 떨어진다면 그들은 전선에서 싸움 한 번 해보지 못하고 죽거나 아니면 적의 포로가 되어 버릴 것입니다. 이와 같이 영적 전쟁의 승패도 결국 얼마만큼 하나님의 말씀을 섭취하느냐에 달려 있습니다. 좋은 밭에 뿌려진 씨앗이 대지에 튼튼한 뿌리를 내리고 쑥쑥 자라듯이 태신자에게 그 영혼에 하나님의 말씀이 견고하게 들어가 자리를 잡는 것이 필요합니다. 믿음은 들음에서 나며 그리스도의 말씀에서 남으로(롬 10:17) 말씀을 자주 들을 수 있도록 도와야 합니다. 예컨대 예배시간의 설교 말씀, 매일 개인적인 성경읽기, 기독교 방송 등의 설교와 간증, 그리고 경건의 시간 나누기 등 산모가 할 수 있는 방법은 다양합니다.

셋째, 교회 모임에 적극 참여 시키는 것입니다. 교회 성장학자에 의하면 접촉이 강화되면 강화 될수록 교회에 대한 정착률도 높아진다고 하였습니다. 신앙세계를 처음 접한 태신자는 어떤 의미로든 접촉이 많아야 교회에 정착을 잘 할 수 있습니다. 예컨대 구역모임이나 기타 모임 같은 곳에 태신자를 적극 참여 시키도록 하십시오. 관계가 강화되면 믿음도 강화될 수 있습니다.

넷째, 수시로 안부를 물어보십시오. 최소한 일주일에 한 번씩은 태신자에게 찾아가거나 전화심방을 할 수 있어야 합니다. 태신자의 말못할 고민이라든가 교회 다니는 것에 대하여 가정적으로 부딪치는 것은 없는지, 개인적으로 신앙생활이나 교회 생활에 잘 적응하고 있는지, 또는 교회 생활에 힘든 것은 없는지, 함께 기도할 기도제목은 없는지, 이 모든 것에 대하여 정기적으로 상담해 주고 도와줄 수 있어야 합니다.

나의 가슴속에 잉태된 새 생명, 이 새 생명을 성령님의 은혜로 출산하여 주님께 귀한 선물을 드려 보시기 바랍니다. 당신도 건강한 영적인 산모가 될 수 있습니다.

태신자 전도

태신자 전도(예시)

이름: 이나영　　(남, 여) / E-Mail : Lee20@hanmail.net

주소: 서울시 중랑구 동일로 107길 12

전화 : 02-964-6993　　/　　핸드폰 : 010-6644-7004

생년월일 : 1973년　3월　8일 (음, 양)

직업 : 전업주부　　　　　　/　　특징 : 내성적임

가족상황	이름	관계	비고	이름	관계	비고	기억할 내용(기도제목)
	노건산	남편	불교				·불교 집안임
	노택민	자					·남편 성격이 매우 예민함

◆ 전도시작일 : 2016년 1월 5일 / 교회등록일 : 2016년 3월 18일

날 짜	기도 및 접촉일지(산모일지)	반응
16.1.5	태신자를 위하여 일주일 작정기도 들어감	
16.1.10	기도하던중 성령님이 새로 이사온 젊은 새댁을 준비된 영혼으로 붙여주심	
16.1.11	의심치 말라고 했지만 성령님이 확실히 붙여준 태신자인지 다시 한번 간절히 기도함. 마음속에 감동이 밀려옴 (태신자를 잉태함)	
16.1.15	음식을 정성껏 준비하여 방문함. 예수믿는 사람이라고는 이야기하지 않음	○
16.1.20	시장갈 일이 있는데 시장 갈일 있으면 같이 가자고 함	○
	시장을 본 후 집으로 초대, 커피와 과일 대접	○
	교회 다닌다고 밝힘. 조심스럽게 인적사항을 물어봄	
	왠지 주저하는 느낌을 받음. 그러나 좋은 친구로써 잘 되도록 기도해 줄 수 있으니까 괜찮다고 얘기함	△
16.1.20	본격적으로 기도함	

◆반응 : 아주 좋음(○), 좋음(△), 별로 안좋음(X), 아주 안좋음(⊗)

날 짜	기도 및 접촉일지(산모일지)	반응
16.1.22	택민이 유치원 보내는 것 상담해 줌	○
16.1.22	부침개를 만들어서 갖다 줌	○
16.1.27	택민이가 기침이 심하다고 해서 민간요법을 이야기해주고	
	마음이 안좋다고 해서 배즙을 내서 갖다 줌	○
16.2.4	우연히 거리에서 만남. 점심을 먹지 않은 것을 보고 칼국수	
	대접해 줌. 대화 도중 놀라운 사실을 발견해냄. 중학교때까지	
	교회 다녔다고 고백함. "오 주님! 감사합니다" 속으로 기도함	
16.2.6	김치를 들고 찾아감. 커피 대접을 받으면서 아이를	△
	주일학교에 보낼 것을 권유함. 생각해 볼 것이라 했음.	
16.2.7	남편 가정이 불교를 믿기때문에 교회 나가는 것을 반대하지만	
	아이가 다른 아이를 사귀는 것이 좋을 것 같아서 교회 보내는	
	것을 허락함.(오! 하나님 감사합니다)	○
16.2.11	아이를 데리고 주일 아침 9시에 교회에 옴	○
16.2.25	아침 8시에 전화 옴. 남편이 출근해서 교회 가려고 하니까	○
	데리러 오라는 것임.(오! 할렐루야)	
16.2.26	매주는 못나오지만 남편이 집을 비울 때 교회 나오겠다고 함	
16.3.18	교회 등록(하나님 감사합니다!)	

아름다움을 보여주라

신부는 이성을 초월하여 마음을 사로잡는다. 거칠고 무뚝뚝한 남자들도 부드러워지며 강철 같은 남자들도 신부 앞에서는 녹아버린다. 신부의 강점은 아름다움이다. 이와 같이 불신자들에게 영적인 아름다움을 보여줄 수 만 있다면 전도는 쉬워진다.

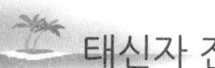
태신자 전도

이름 :　　　　　　(남, 여) /　E-Mail :
주소 :
전화 :　　　　　　　　/　　핸드폰 :
생년월일 :　　　년　　월　　일 (음, 양)
직업 :　　　　　　　/　　　특징 :

	이름	관계	비고	이름	관계	비고	기억할 내용(기도제목)
가족상황							

◈ 전도시작일 :　　　년　월　일 / 교회등록일 :　　　년　월　일

날 짜	기도 및 접촉일지(산모일지)	반 응
. .		
. .		
. .		
. .		
. .		
. .		
. .		
. .		
. .		
. .		
. .		
. .		
. .		
. .		

◈반응 : 아주 좋음(○), 좋음(△), 별로 안좋음(X), 아주 안좋음(⊗)

날 짜	기도 및 접촉일지(산모일지)	반 응
. .		
. .		
. .		
. .		
. .		
. .		
. .		
. .		
. .		
. .		
. .		
. .		
. .		
. .		
. .		
. .		
. .		
. .		
. .		
. .		
. .		

눈높이를 맞춰라

주님의 전도 방법은 철저하게 전도할 사람들과 일체감을 가지시면서 상담자가 되어 주시고, 치료자가 되어 주시고, 벗이 되어 주시고, 동거하시면서 전도하셨다. 거리감 없는 친근감과 따뜻함을 보여주신 것이다. 전도 대상자와 거리감을 좁히면 전도는 쉬워진다.

태신자 전도

이름 :　　　　　　(남, 여) /　E-Mail :
주소 :
전화 :　　　　　　/　　　핸드폰 :
생년월일 :　　년　월　일 (음, 양)
직업 :　　　　　　/　　　특징 :

가족상황	이름	관계	비고	이름	관계	비고	기억할 내용(기도제목)

◆ 전도시작일 :　　년　월　일 / 교회등록일 :　　년　월　일

날 짜	기도 및 접촉일지(산모일지)	반 응
. .		
. .		
. .		
. .		
. .		
. .		
. .		
. .		
. .		
. .		
. .		
. .		
. .		
. .		

◆반응 : 아주 좋음(○), 좋음(△), 별로 안좋음(X), 아주 안좋음(⊗)

날 짜	기도 및 접촉일지(산모일지)	반 응
. .		
. .		
. .		
. .		
. .		
. .		
. .		
. .		
. .		
. .		
. .		
. .		
. .		
. .		
. .		
. .		
. .		
. .		
. .		
. .		

낙타무릎이 되어라

전도는 성령의 나타나심과 하나님의 능력으로만 가능하다는 사실을 깨달아야 한다. 이것을 위하여 전도자는 무릎을 꿇어야 한다. 낙타 무릎이 되어 있을 때 주님은 준비된 영혼을 붙여 주신다

태신자 전도

이름 :　　　　　　(남, 여) / E-Mail :
주소 :
전화 :　　　　　　　/　　　핸드폰 :
생년월일 :　　　년　　월　　일 (음, 양)
직업 :　　　　　　　/　　　특징 :

가족상황	이름	관계	비고	이름	관계	비고	기억할 내용(기도제목)

◈ 전도시작일 :　　년　월　일 / 교회등록일 :　　년　월　일

날 짜	기도 및 접촉일지(산모일지)	반 응
. .		
. .		
. .		
. .		
. .		
. .		
. .		
. .		
. .		
. .		
. .		
. .		
. .		
. .		

◈반응 : 아주 좋음(○), 좋음(△), 별로 안좋음(X), 아주 안좋음(⊗)

날 짜	기도 및 접촉일지(산모일지)	반 응
. .		
. .		
. .		
. .		
. .		
. .		
. .		
. .		
. .		
. .		
. .		
. .		
. .		
. .		
. .		
. .		
. .		
. .		
. .		
. .		

영적인 부담을 느끼고 있는가?

시대 시대마다 하나님께 쓰임 받았던 인물들은 영적인 부담을 안고 빛이 필요한 어둠의 현장 속으로 순교를 각오하고 뛰쳐나갔던 사람들이다. 오늘 우리도 영적인 부담을 안고 있어야 하나님께 쓰임 받을 수 있고 불신자들의 심령에 예수 생명을 심어줄 수 있다.

태신자 전도

이름 :　　　　　　　(남, 여)　/　E-Mail :
주소 :
전화 :　　　　　　　/　　　핸드폰 :
생년월일 :　　　년　　월　　일　(음, 양)
직업 :　　　　　　　/　　　특징 :

가족상황	이름	관계	비고	이름	관계	비고	기억할 내용(기도제목)

◆ 전도시작일 :　　　년　월　일　/　교회등록일 :　　　년　월　일

날 짜	기도 및 접촉일지(산모일지)	반 응
. .		
. .		
. .		
. .		
. .		
. .		
. .		
. .		
. .		
. .		
. .		
. .		
. .		
	◆반응 : 아주 좋음(○), 좋음(△), 별로 안좋음(X), 아주 안좋음(⊗)	

날 짜	기도 및 접촉일지(산모일지)	반 응
. .		
. .		
. .		
. .		
. .		
. .		
. .		
. .		
. .		
. .		
. .		
. .		
. .		
. .		
. .		
. .		
. .		
. .		
. .		
. .		

방법이 먼저가 아니라 사람이다

전도자는 전도할 방법을 찾기 전에 먼저 주님께서 영혼을 구원하는 전도자로 나를 쓰시기 원하시는가를 스스로 자문해 보아야 한다. 왜냐하면 주님이 찾고 계시는 것은 방법이 아니라 사람이기 때문이다.

태신자 전도

이름 :　　　　　　(남, 여)　/　E-Mail :
주소 :
전화 :　　　　　　　　/　　핸드폰 :
생년월일 :　　　년　　월　　일　(음, 양)
직업 :　　　　　　/　　　특징 :

가족상황	이름	관계	비고	이름	관계	비고	기억할 내용(기도제목)

◆ 전도시작일 :　　년　월　일 / 교회등록일 :　　년　월　일

날 짜	기도 및 접촉일지(산모일지)	반 응
. .		
. .		
. .		
. .		
. .		
. .		
. .		
. .		
. .		
. .		
. .		
. .		
. .		
. .		

◆반응 : 아주 좋음(○), 좋음(△), 별로 안좋음(X), 아주 안좋음(⊗)

날 짜	기도 및 접촉일지(산모일지)	반 응
. .		
. .		
. .		
. .		
. .		
. .		
. .		
. .		
. .		
. .		
. .		
. .		
. .		
. .		
. .		
. .		
. .		
. .		
. .		
. .		
. .		
. .		

사단의 실체를 알아야 한다

오늘날 사단은 교회속에서도 자기의 나라를 견고히 세우고자 한다. 그리고 한 발자국 더 나아가 성도들의 심령 안에도 자기의 나라를 우뚝 세우고자 한다. 그러므로 이 같은 사단의 실체를 바로 알고 있어야 사단에게 패배를 안겨주는 전도를 할 수 있다.

태신자 전도

이름 :　　　　　　(남, 여)　/　E-Mail :

주소 :

전화 :　　　　　　　　/　　핸드폰 :

생년월일 :　　　년　　월　　일 (음, 양)

직업 :　　　　　　　/　　　특징 :

	이름	관계	비고	이름	관계	비고	기억할 내용(기도제목)
가족상황							

◈ 전도시작일 :　　　년　　월　　일 / 교회등록일 :　　　년　　월　　일

날 짜	기도 및 접촉일지(산모일지)	반 응
. .		
. .		
. .		
. .		
. .		
. .		
. .		
. .		
. .		
. .		
. .		
. .		
. .		
. .		

◈반응 : 아주 좋음(○), 좋음(△), 별로 안좋음(X), 아주 안좋음(⊗)

날 짜	기도 및 접촉일지(산모일지)	반 응
. .		
. .		
. .		
. .		
. .		
. .		
. .		
. .		
. .		
. .		
. .		
. .		
. .		
. .		
. .		
. .		
. .		
. .		

고난을 경험하라

고난이 깊을수록 주님을 더욱 더 잘 알 수 있다. 축복도 고난 밖에 있는 것이 아니라 고난 속에 들어 있다. 전도도 고난을 경험해야 그 고난을 통해서 영혼의꽃이 피어나고 열매를 맺는다. 한 알의 밀알이 그와 같은 예를 잘 보여 주고 있다.

태신자 전도

이 름 :　　　　　　(남, 여) /　E-Mail :
주 소 :
전 화 :　　　　　　　　/　　핸드폰 :
생년월일 :　　　년　　월　　일 (음, 양)
직 업 :　　　　　　　/　　　특 징 :

	이 름	관계	비고	이 름	관계	비고	기억할 내용(기도제목)
가족상황							

◈ 전도시작일 :　　년　월　일 / 교회등록일 :　　년　월　일

날 짜	기도 및 접촉일지(산모일지)	반 응
. .		
. .		
. .		
. .		
. .		
. .		
. .		
. .		
. .		
. .		
. .		
. .		
. .		

◈반응 : 아주 좋음(○), 좋음(△), 별로 안좋음(X), 아주 안좋음(⊗)

날 짜	기도 및 접촉일지(산모일지)	반 응
. .		
. .		
. .		
. .		
. .		
. .		
. .		
. .		
. .		
. .		
. .		
. .		
. .		
. .		
. .		
. .		
. .		
. .		
. .		

대상자를 품어라
자기 능력에 맞는 전도 대상자를 태신자로 품어서 일정한 기간동안 집중적으로 관심을 보여야 전도의 열매를 맺을 수 있다. 건강한 출생은 건강한 임신으로만 가능 하듯이, 건강한 전도를 하려면 반드시 태신자를 품어야 한다.

태신자 전도

이름 :　　　　　　(남, 여)　/　E-Mail :
주소 :
전화 :　　　　　　　　　/　　핸드폰 :
생년월일 :　　　년　　월　　일 (음, 양)
직업 :　　　　　　　　　/　　특징 :

가족상황	이름	관계	비고	이름	관계	비고	기억할 내용(기도제목)

◈ 전도시작일 :　　년　월　일 / 교회등록일 :　　년　월　일

날 짜	기도 및 접촉일지(산모일지)	반 응
. .		
. .		
. .		
. .		
. .		
. .		
. .		
. .		
. .		
. .		
. .		
. .		
. .		
. .		

◆반응 : 아주 좋음(○), 좋음(△), 별로 안좋음(X), 아주 안좋음(⊗)

날 짜	기도 및 접촉일지(산모일지)	반 응
. .		
. .		
. .		
. .		
. .		
. .		
. .		
. .		
. .		
. .		
. .		
. .		
. .		
. .		
. .		
. .		
. .		
. .		
. .		
. .		
. .		
. .		

욕구를 불러 일으켜야 한다

주님의 전도 방법은 자신에 대하여 소문을 들은 모든 사람들이 예수님을 만나고자 하는 욕구를 불러 일으키게 했다. 중풍병자, 눈먼 소경, 니고데모, 부자 청년, 삭개오, 심지어 바리새인들 까지도 예수님을 만나고자 했다.

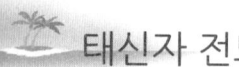
태신자 전도

이름 :　　　　　　(남, 여)　 /　 E-Mail :
주소 :
전화 :　　　　　　　　 /　　 핸드폰 :
생년월일 :　　　년　　월　　일 (음, 양)
직업 :　　　　　　　　 /　　 특징 :

	이름	관계	비고	이름	관계	비고	기억할 내용(기도제목)
가족상황							

◈ 전도시작일 :　　년　　월　　일 / 교회등록일 :　　년　　월　　일

날 짜	기도 및 접촉일지(산모일지)	반 응
. .		
. .		
. .		
. .		
. .		
. .		
. .		
. .		
. .		
. .		
. .		
. .		
. .		

◈반응 : 아주 좋음(○), 좋음(△), 별로 안좋음(X), 아주 안좋음(⊗)

날 짜	기도 및 접촉일지(산모일지)	반 응
. .		
. .		
. .		
. .		
. .		
. .		
. .		
. .		
. .		
. .		
. .		
. .		
. .		
. .		
. .		
. .		
. .		
. .		
. .		
. .		
. .		

실력위주의 전도를 피하라

전도자는 복음을 위한 상담자이지 몰이꾼이 아니다. 실적위주의 전도는 주님의 분노만 살 뿐이다. 아흔 아홉 마리의 양보다 잃은 양 하나에 초점을 맞추고 계신 주님의 비유를 상기해야 한다.

태신자 전도

이름 :　　　　　　(남, 여)　 /　　E-Mail :
주소 :
전화 :　　　　　　　　　/　　　핸드폰 :
생년월일 :　　　년　　월　　일 (음, 양)
직업 :　　　　　　　　/　　　　특징 :

가족상황	이름	관계	비고	이름	관계	비고	기억할 내용(기도제목)

◆ 전도시작일 :　　년　월　일 / 교회등록일 :　　년　월　일

날 짜	기도 및 접촉일지(산모일지)	반응
. .		
. .		
. .		
. .		
. .		
. .		
. .		
. .		
. .		
. .		
. .		
. .		
. .		
. .		

◆반응 : 아주 좋음(○), 좋음(△), 별로 안좋음(X), 아주 안좋음(⊗)

날 짜	기도 및 접촉일지(산모일지)	반 응
. .		
. .		
. .		
. .		
. .		
. .		
. .		
. .		
. .		
. .		
. .		
. .		
. .		
. .		
. .		
. .		
. .		
. .		
. .		
. .		

전도의 범위를 짧게 잡아라

성경에 보면 예수님의 제자 안드레는 가장 가까운 사람 베드로를 찾아갔다. 빌립은 친구나 다니엘을 찾아갔다. 세리 마태는 다른 세리들을 식탁 만찬에 초대했다. 전도는 물리적 거리와 심리적 거리를 반드시 고려해야 한다.

태신자 전도

이름 :　　　　　　(남, 여)　 /　E-Mail :

주소 :

전화 :　　　　　　　　/　　핸드폰 :

생년월일 :　　　년　　월　　일　(음, 양)

직업 :　　　　　　　/　　　특징 :

	이름	관계	비고	이름	관계	비고	기억할 내용(기도제목)
가족상황							

◆ 전도시작일 :　　년　　월　　일　/　교회등록일 :　　년　　월　　일

날 짜	기도 및 접촉일지(산모일지)	반 응
. .		
. .		
. .		
. .		
. .		
. .		
. .		
. .		
. .		
. .		
. .		
. .		
. .		
. .		

◆반응 : 아주 좋음(○), 좋음(△), 별로 안좋음(X), 아주 안좋음(⊗)

날 짜	기도 및 접촉일지(산모일지)	반 응
. .		
. .		
. .		
. .		
. .		
. .		
. .		
. .		
. .		
. .		
. .		
. .		
. .		
. .		
. .		
. .		
. .		
. .		
. .		
. .		

자신의 심령에 불을 붙여라

전도자가 영혼구원의 전도자로 쓰임 받으려면 먼저 자신의 심령에 불을 붙여야 한다. 전도자 자신의 심령에 부흥이 일어나지 않고는 절대로 불신자의 심령에 부흥을 일으킬 수 없다. 전도란 나로 하여금 성령의 권능을 세상에 쏟아 놓은 일이다.

태신자 전도

이름 :　　　　　　(남, 여)　/　E-Mail :

주소 :

전화 :　　　　　　　　/　　핸드폰 :

생년월일 :　　　년　　월　　일　(음, 양)

직업 :　　　　　　　/　　　특징 :

가족상황	이름	관계	비고	이름	관계	비고	기억할 내용(기도제목)

◆ 전도시작일 :　　　년　월　일 / 교회등록일 :　　　년　월　일

날 짜	기도 및 접촉일지(산모일지)	반 응
. .		
. .		
. .		
. .		
. .		
. .		
. .		
. .		
. .		
. .		
. .		
. .		
. .		
. .		

◆반응 : 아주 좋음(○), 좋음(△), 별로 안좋음(X), 아주 안좋음(⊗)

날 짜	기도 및 접촉일지(산모일지)	반 응
. .		
. .		
. .		
. .		
. .		
. .		
. .		
. .		
. .		
. .		
. .		
. .		
. .		
. .		
. .		
. .		
. .		
. .		
. .		

자주 방문하라

전도 대상자의 집을 자주 방문하는 것이 전도를 잘할 수 있는 비결이다. 전도 대상자와 접촉이 많으면 많을 수록 친분이 쌓여 전도는 쉬워진다.

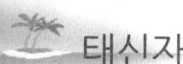
태신자 전도

이름 :　　　　　　(남, 여)　/　E-Mail :

주소 :

전화 :　　　　　　　　/　　핸드폰 :

생년월일 :　　　년　　월　　일 (음, 양)

직업 :　　　　　　　　/　　특 징 :

	이름	관계	비고	이름	관계	비고	기억할 내용(기도제목)
가족상황							

◆ 전도시작일 :　　년　월　일 / 교회등록일 :　　　년　월　일

날 짜	기도 및 접촉일지(산모일지)	반 응
. .		
. .		
. .		
. .		
. .		
. .		
. .		
. .		
. .		
. .		
. .		
. .		
. .		

◆반응 : 아주 좋음(○), 좋음(△), 별로 안좋음(X), 아주 안좋음(⊗)

날 짜	기도 및 접촉일지(산모일지)	반 응
. .		
. .		
. .		
. .		
. .		
. .		
. .		
. .		
. .		
. .		
. .		
. .		
. .		
. .		
. .		
. .		
. .		
. .		
. .		
. .		
. .		

선물을 자주하라

선물의 장점은 상대방의 마음 문을 여는데 결정적인 역활을 한다. 상대방의 관심을 불러일으킬 수 있는 좋은 지혜가 될 수 있다. " 너그러운 사람에게는 은혜를 구하는 자가 많고 선물 주기를 좋아하는 자에게는 사람마다 친구가 되느니라" (잠 19:6)

태신자 전도

이름 :　　　　　　(남, 여)　/　E-Mail :

주소 :

전화 :　　　　　　　/　　　핸드폰 :

생년월일 :　　　년　　월　　일 (음, 양)

직업 :　　　　　　　/　　　특징 :

가족상황	이름	관계	비고	이름	관계	비고	기억할 내용(기도제목)

◆ 전도시작일 :　　년　월　일 / 교회등록일 :　　년　월　일

날 짜	기도 및 접촉일지(산모일지)	반 응
. .		
. .		
. .		
. .		
. .		
. .		
. .		
. .		
. .		
. .		
. .		
. .		

◆반응 : 아주 좋음(○), 좋음(△), 별로 안좋음(X), 아주 안좋음(⊗)

날 짜	기도 및 접촉일지(산모일지)	반 응
. .		
. .		
. .		
. .		
. .		
. .		
. .		
. .		
. .		
. .		
. .		
. .		
. .		
. .		
. .		
. .		
. .		
. .		

내 집으로 초대하라

예수님은 바리새인들로부터 먹기를 탐하는 자라는 비난을 받을 정도로 식탁교제를 즐기셨다. 초대교회 역시 최후의 만찬을 가진 마가의 다락방에서 출발했다. 전도자도 자신의 식탁을 전도의 도구로 삼을 수 있어야 한다.

태신자 전도

이름 :　　　　　　　(남, 여)　/　E-Mail :

주소 :

전화 :　　　　　　　/　　핸드폰 :

생년월일 :　　년　월　일　(음, 양)

직업 :　　　　　　　/　　특징 :

가족상황	이름	관계	비고	이름	관계	비고	기억할 내용(기도제목)

◆ 전도시작일 :　　년　월　일　/　교회등록일 :　　년　월　일

날 짜	기도 및 접촉일지(산모일지)	반 응
. .		
. .		
. .		
. .		
. .		
. .		
. .		
. .		
. .		
. .		
. .		
. .		
. .		

◆반응 : 아주 좋음(○), 좋음(△), 별로 안좋음(X), 아주 안좋음(⊗)

날 짜	기도 및 접촉일지(산모일지)	반 응
. .		
. .		
. .		
. .		
. .		
. .		
. .		
. .		
. .		
. .		
. .		
. .		
. .		
. .		
. .		
. .		
. .		
. .		
. .		
. .		
. .		

상대방의 취향을 파악하라

고기를 잡는데 있어서도 자기가 잡고자 하는 고기의 대상을 바로 알고 있어야 고기를 잘 잡을 수 있다. 붕어를 잡을 때 잉어를 잡는 미끼를 사용하면 붕어는 잡히지 않는다. 전도할 때도 전도 하고자 하는 대상에 대하여 어느 정도 그 취향을 알고 있는 것이 도움이 된다

태신자 전도

이름 :　　　　　　　(남, 여) / E-Mail :

주소 :

전화 :　　　　　　　/　　　핸드폰 :

생년월일 :　　　년　　월　　일 (음, 양)

직업 :　　　　　　　/　　　특징 :

가족상황	이름	관계	비고	이름	관계	비고	기억할 내용(기도제목)

◆ 전도시작일 :　　　년　　월　　일 / 교회등록일 :　　　년　　월　　일

날 짜	기도 및 접촉일지(산모일지)	반 응
. .		
. .		
. .		
. .		
. .		
. .		
. .		
. .		
. .		
. .		
. .		
. .		
. .		
. .		

◆반응 : 아주 좋음(○), 좋음(△), 별로 안좋음(X), 아주 안좋음(⊗)

날 짜	기도 및 접촉일지(산모일지)	반 응
. .		

다양한 전략을 사용하라

복음을 전달하는 데만 목적을 두어서는 안된다. 고기를 잡을 때 현명한 낚시꾼 은 바늘을 하나만 사용하지 않는다. 한 줄에 여러 개의 바늘을 사용하는데 이것을 주낙이라고 한다. 전도할 때도 주낙이라는 전도 전략을 사용할 필요가 있다.

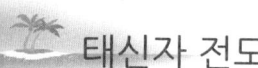
태신자 전도

이름 :　　　　　　(남, 여)　/　E-Mail :
주소 :
전화 :　　　　　　　　/　　핸드폰 :
생년월일 :　　　년　　월　　일 (음, 양)
직업 :　　　　　　　/　　　특징 :

가족상황	이름	관계	비고	이름	관계	비고	기억할 내용(기도제목)

◈ 전도시작일 :　　년　월　일 / 교회등록일 :　　년　월　일

날 짜	기도 및 접촉일지(산모일지)	반 응
. .		
. .		
. .		
. .		
. .		
. .		
. .		
. .		
. .		
. .		
. .		
. .		
. .		
. .		

◆반응 : 아주 좋음(○), 좋음(△), 별로 안좋음(X), 아주 안좋음(⊗)

날 짜	기도 및 접촉일지(산모일지)	반 응
. .		
. .		
. .		
. .		
. .		
. .		
. .		
. .		
. .		
. .		
. .		
. .		
. .		
. .		
. .		
. .		
. .		
. .		
. .		
. .		
. .		

기분을 상하게 하면 안된다

상대방을 죄인으로 몰아 붙이거나 예수 믿지 않으면 지옥 간다는 협박성 언어 전달은 상대방의 기분만 상하게 할 수 있다. 복음 전달도 하나님의 지혜가 필요하며 적절한 타이밍이 중요하다.

태신자 전도

이름 :　　　　　　(남, 여)　/　E-Mail :

주소 :

전화 :　　　　　　　　/　　핸드폰 :

생년월일 :　　　년　　월　　일 (음, 양)

직업 :　　　　　　　/　　　특징 :

가족상황	이름	관계	비고	이름	관계	비고	기억할 내용(기도제목)

◆ 전도시작일 :　　년　월　일 / 교회등록일 :　　년　월　일

날짜	기도 및 접촉일지(산모일지)	반응
. .		
. .		
. .		
. .		
. .		
. .		
. .		
. .		
. .		
. .		
. .		
. .		
. .		
. .		
. .		

◆반응 : 아주 좋음(○), 좋음(△), 별로 안좋음(X), 아주 안좋음(⊗)

날 짜	기도 및 접촉일지(산모일지)	반 응
. .		
. .		
. .		
. .		
. .		
. .		
. .		
. .		
. .		
. .		
. .		
. .		
. .		
. .		
. .		
. .		
. .		
. .		
. .		
. .		
. .		
. .		

편지나 엽서, 문자메세지, 이메일을 보내라

가랑비에 속옷이 젖는다는 속담이 있듯이 편지나 엽서, 이메일, 문자메세지 등을 이용하여 상대방에게 자주 보내는 것도 작은 감동을 줄 수 있다.

태신자 전도

이름 :　　　　　(남, 여)　/　E-Mail :
주소 :
전화 :　　　　　　　/　　핸드폰 :
생년월일 :　　　년　　월　　일　(음, 양)
직업 :　　　　　　　/　　특징 :

	이름	관계	비고	이름	관계	비고	기억할 내용(기도제목)
가족상황							

◆ 전도시작일 :　　년　월　일 / 교회등록일 :　　년　월　일

날 짜	기도 및 접촉일지(산모일지)	반 응
. .		
. .		
. .		
. .		
. .		
. .		
. .		
. .		
. .		
. .		
. .		
. .		

◆반응 : 아주 좋음(○), 좋음(△), 별로 안좋음(X), 아주 안좋음(⊗)

날 짜	기도 및 접촉일지(산모일지)	반 응
. .		
. .		
. .		
. .		
. .		
. .		
. .		
. .		
. .		
. .		
. .		
. .		
. .		
. .		
. .		
. .		
. .		
. .		
. .		

행실로 보여주라

광야에서 외치던 세례요한의 전도는 단순히 외침 전도였지만 예수님의 전도는 삶 속에서 행실이 뒷받침 되는 전도였다. 주님은 사람들과 일체감을 가지시면서 내면의 의사로서 전도 대상자들에게 가까이 다가가셨다.

태신자 전도

이름 :　　　　　　(남, 여)　/　E-Mail :

주소 :

전화 :　　　　　　　/　　핸드폰 :

생년월일 :　　　년　　월　　일 (음, 양)

직업 :　　　　　　　/　　특징 :

가족상황	이름	관계	비고	이름	관계	비고	기억할 내용(기도제목)

◆ 전도시작일 :　　년　　월　　일 / 교회등록일 :　　년　　월　　일

날 짜	기도 및 접촉일지(산모일지)	반응
. .		
. .		
. .		
. .		
. .		
. .		
. .		
. .		
. .		
. .		
. .		
. .		
. .		

◆반응 : 아주 좋음(○), 좋음(△), 별로 안좋음(X), 아주 안좋음(⊗)

날 짜	기도 및 접촉일지(산모일지)	반 응
. .		
. .		
. .		
. .		
. .		
. .		
. .		
. .		
. .		
. .		
. .		
. .		
. .		
. .		
. .		
. .		

전도는 거절부터 시작한다

사람들은 누구나 자신의 사고 체계와 생활습관을 지키려는 본능이 있다. 따라서 자신의 사고와 상황을 뒤바꾸려는 새로운 제의에 거부반응을 보이는 것은 당연한 것이다. 그러므로 거절을 당연한 것으로 받아들이면 전도는 쉬워진다.

죠지뮬러 (George Muller, 1805-1898)

기도의 사람으로 잘 알려져 있는 죠지 뮬러는 평생 5 번도 기도 응답을 받기 힘든 우리와는 달리 5만 번 이상 기도의 응답을 받았다고 한다. 그는 독일 사람으로 영국에 선교사로 가서 고아들을 위해 평생을 헌신했다. 그의 전기를 보면 기도하는 즉시, 혹은 기도가 끝나기 전에, 기도하는 중간에 기도 응답을 받은 것이 일평생 5만번 이상이라는 것이다. 그는 기도하면 입이 다물어지지 않은 만큼 신기한 기도 응답의 체험을 했다고 한다. 예를 들면, 브리스톨에서 고아원을 경영하는데 어느날 2천명을 먹일 하루 양식이 없었다. 사무실에 들어가 무릎 꿇고 "하나님, 2천명을 먹일 양식을 주시옵소서" 기도하는데 기도가 채 끝나기 전에 노크 소리가 나더니 "원장님, 빵 공장이 지금 문을 닫았는데 재고를 정리할 길이 없어서 빵을 어디다 버리까 고민하다가 트럭에 가득 싣고 지나가던 중 우리 고아원을 발견하고 우리 마당에 쏟아 놓겠다는 데, 받아도 될까요?"하고 한 직원이 말하더라는 것이다.

그는 60년간 사역하는 동안 5만번 이상 응답을 받았으니 일 년에 천 번 정도 응답을 받았다고 계산해 볼 수 있다. 참으로 교회사에 길이 남을만한 기도의 사람임에 틀림이 없다.

죠지 뮬러의
기도노트

1 죠지뮬러의 기도응답의 비밀

❦ 하나님을 철저하게 신뢰하고 믿는 믿음입니다

그는 무엇이든지 믿고 구하면 응답해 주신다는 약속을 어린아이같이 그대로 믿었다. 한 번은 미국으로 집회를 인도하러 대서양을 건너고 있을 때 갑자기 안개가 짙게 몰려왔다.

순식간에 약속된 집회 시간까지 도착할 수 없는 상황이 벌어졌다. 뮬러는 즉시 선실로 내려가 "이 안개를 거두어 주십시오"라고 단순하게 기도했다. 기도를 하고 난 후 신기하게도 안개가 깨끗하게 걷혔다.

오늘날 성도들이 기도를 많이 하면서도 기도 응답의 축복을 누리지 못하는 결정적인 이유는 기도하는 시간이나 방법에 달려 있는 것이 아니라, 뮬러와 같이 하나님을 신뢰하는 믿음이 부족하기 때문이라고 생각한다.

❦ 기도노트를 사용하였다는 것입니다

60년 동안 5만번 이상 기도 응답을 받았다는 것은 어림잡아 하루에 세 번 정도 기도 응답을 받았다는 계산이 나온다. 어떻게 그러한 역사가 일어날 수 있었을까? 그 비결은 기도 제목을 기록하고 응답을 확인하는 습관이 그에게 있었다는 것이다. 기도 수첩을 사용한 것이 그가 5만번 기도 응답을 받을 수 있었던 결정적인 이유이다.

오늘날 성도들이 기도 응답을 받지 못하는 가장 큰 이유는 기도를 실컷해 놓고 나서 하나님의 응답 하시는 과정에 무관심하다는 것이다. 우리들도 기도 노트를 사용하여 기도하는 습관을 갖는다면 죠지뮬러와 같은 놀라운 기도응답을 경험하게 될 것이다.

2 기도수첩을 사용할 때 얻는 유익들

❦ 기도하기가 쉬워집니다
기도할 때 가장 어려운 것은 조금만 기도해도 더 이상 기도할 것이 없다는 것이다. 그러나 기도 노트에 기도제목을 적다 보면 기도할 제목이 많아져서 기도하기가 쉬워지는 것을 경험하게 된다.

❦ 기도의 깊은 맛을 경험하게 됩니다
기도 제목이 많다는 것은 그만큼 기도 시간이 길어진다는 것이다. 기도시간이 길어진다는 것은 기도의 깊이가 생긴다는 것이다. 기도노트를 사용하며 기도한다면 기도의 깊은 맛을 경험하게 된다.

❦ 기도에 질서를 잡아줍니다
중요하고 필요한 기도제목을 빼놓지 않고 기도할 수 있다는 것이다. 기도노트를 사용하면 여러 분야를 골고루 기도하며 기도의 체계가 서는 유익이 있다.

❦ 하나님의 응답을 체험하게 될 것입니다
대부분 기도 응답을 경험하지 못하는 이유가 지속적으로 기도하지 못한다는데 있다. 더군다나 기도를 하고 금방 잊어버리는 경우도 비일비재하다. 그러나 기도 수첩을 사용하면 한 가지 기도제목을 지속적으로 기도하여 기도 응답을 경험하게 된다.

❦ 개인과 교회에 부흥이 일어납니다
기도의 응답을 통하여 하나님의 살아계심을 경험한다면 개인의 신앙생활은 살아 움직이는 역동적인 믿음이 될 것이다. 또한 기도 응답을 경험할 때 교회의 부흥은 자연스럽게 일어나게 될 것이다.

3 죠지뮬러의 기도노트의 **특징**

❧ 실제로 효과가 검증되었습니다
그 첫 번째 입증자는 죠지 뮬러이다. 죠지뮬러가 5만번이나 기도 응답을 받은 것은 기도 노트를 활용한 결과이다. 그리고 이 기도 노트를 사용하는 사람마다 동일한 고백을 하고 있다.

❧ 자녀들과 함께 사용할 수 있습니다
자녀들을 위해서는 중보기도란을 이용하여 자녀들의 습관을 고치는 기도 제목으로 활용할 수 있다. 부모들은 기본적으로 자녀들이 가져야 할 좋은 습관을 기도제목으로 제시하여 기도하게 하면 자녀들의 신앙교육과 생활에 크게 도움이 될 것이다.

❧ 확신을 가지고 기도할 수 있습니다
기도는 하나님의 말씀과 함께 할때 위력을 발휘한다. 말씀과 기도는 한 짝과 같다. 말씀을 붙잡고 기도 할때 기도응답의 확신을 가질 수 있다. 확신을 갖고 기도할 수 있도록 약속의 말씀을 제시하였다.

❧ 정성껏 만든 기도 노트입니다
기도 노트는 성경책과 함께 항상 갖고 다니면서 사용해야 한다. 따라서 언제나 생활속에서 사용할 수 있도록 최고의 내용과 재질과 디자인으로 정성껏 만들었다.

중보기도

중보기도(예시)

NO 1

이름 : 안애심   (남, 여) / E-Mail : yhan91@hanmail.net
주소 : 경기도 의정부시 고산로 356 길 27
전화 : 031-964-6993   /   핸드폰 : 010-9694-0191
생년월일 : 1968년 7월 12일 (음, 양) / 취미 : 수영, 독서
교회 : 영광교회(방학동) / 직분 : 집사

◈ 기도시작일 : 2016년 2월 10일

번호	기 도 제 목	시작일	결 과
1	두 자녀의 올바른 신앙성장을 위하여	2.10	신앙이 자람
2	2,000 만원 부채 탕감을 위해	2.15	진행중
3	수영에 자신감을 갖도록	2.17	5개 종목 완성
4	컴퓨터 교육에 열의를 갖게	2.17	3급 합격
5			
6			
7			
8			
9			
10			
11			
12			
13			
14			
15			
16			
17			

번호	날짜	기 도 일 기 (응답되는 과정을 기록하세요)
1	2.2	애심자매 자녀를 위해 간절히 기도함
2	3.2	부하게도 가난하게도 마옵소서
		애심자매의 가정이 빚없는 복 된 가정 되길
3	3.5	수영한지 4개월이 됐는데 접영을 잘 할 수 있도록
3	3.9	자유형 손 꺽기 잘할수 있도록
2	3.5	2,000만원 부채중 200만원 갚게 해줌
1	3.20	이모가 교회에서 전도상을 받음
1	3.28	슬기가 오후예배 반주를 맡음
4	4.2	안애심 자매님, 복지관 컴퓨터 기초반에 등록함
3	7.10	수영한지 6개월 만에 자유형, 배영, 평영, 접영 모두 완성
4	6.4	2달 동안 열심히 컴퓨터 배우러 다니더니 3급 합
4	6.6	2급 시험을 위해 재 등록

끈질긴 기도를 하십시오.

열심이 없는 기도는 죽은 개로 벼룩을 사냥하는 것과 같고 눈 먼 매로 빈대를 잡으려는 것과 같습니다. (눅 18:7)

중보기도

NO _____

이름 : _____ (남, 여) / E-Mail :
주소 :
전화 : _____ / 핸드폰 :
생년월일 :   년   월   일 (음, 양) / 취미 :
교회 : _____ / 직분 :

◈ 기도시작일 :   **년 월 일**

번호	기 도 제 목	시작일	결 과
1			
2			
3			
4			
5			
6			
7			
8			
9			
10			
11			
12			
13			
14			
15			
16			
17			

번 호	날 짜	기 도 일 기 (응답되는 과정을 기록하세요)
	. .	
	. .	
	. .	
	. .	
	. .	
	. .	
	. .	
	. .	
	. .	
	. .	
	. .	
	. .	
	. .	
	. .	
	. .	
	. .	
	. .	
	. .	
	. .	
	. .	
	. .	

쉬지말고 범사에 감사하며 기도하십시오.

"쉬지 말고 기도하라 범사에 감사하라 이것이 그리스도 예수 안에서 너희를 향하신 하나님의 뜻이니라."(살전 5:17-18)

중보기도

NO _____

이름 :   (남, 여) / E-Mail :
주소 :
전화 :   /   핸드폰 :
생년월일 :   년   월   일 (음, 양) / 취미 :
교회 :   /   직분 :

◈ 기도시작일 :   **년 월 일**

번호	기 도 제 목	시작일	결과
1			
2			
3			
4			
5			
6			
7			
8			
9			
10			
11			
12			
13			
14			
15			
16			
17			

번 호	날 짜	기 도 일 기 (응답되는 과정을 기록하세요)
	. .	
	. .	
	. .	
	. .	
	. .	
	. .	
	. .	
	. .	
	. .	
	. .	
	. .	
	. .	
	. .	
	. .	
	. .	
	. .	
	. .	
	. .	
	. .	
	. .	
	. .	
	. .	
	. .	
	. .	

구체적으로 기도하십시오.

육신의 부모님께 구체적으로 나의 필요를 요청 하듯이 하나님 아버지 앞에서도 구체적으로 기도해야 합니다. (눅 11:5)

중보기도

NO _____

이름 : _____ (남, 여) / E-Mail :
주소 :
전화 : _____ / 핸드폰 :
생년월일 :   년   월   일 (음, 양) / 취미 :
교회 : _____ / 직분 :

◈ 기도시작일 :   **년 월 일**

번호	기 도 제 목	시작일	결과
1			
2			
3			
4			
5			
6			
7			
8			
9			
10			
11			
12			
13			
14			
15			
16			
17			

번호	날 짜	기 도 일 기 (응답되는 과정을 기록하세요)
	. .	
	. .	
	. .	
	. .	
	. .	
	. .	
	. .	
	. .	
	. .	
	. .	
	. .	
	. .	
	. .	
	. .	
	. .	
	. .	
	. .	
	. .	
	. .	
	. .	

힘을 다하여 간절히 기도하십시오.
전심으로 기도하는 열정에 사로잡힐 때만 하나님의 능력이 깃들게 되어 있습니다. (렘 29:13)

중보기도

NO _____

이름 :　　　　　　(남, 여)　/　E-Mail :
주소 :
전화 :　　　　　　　　　/　　핸드폰 :
생년월일 :　　년　　월　　일 (음, 양) / 취미 :
교회 :　　　　　　　　　　/　　직분 :

◈ 기도시작일 :　　　**년　월　일**

번호	기 도 제 목	시작일	결과
1			
2			
3			
4			
5			
6			
7			
8			
9			
10			
11			
12			
13			
14			
15			
16			
17			

번호	날짜	기 도 일 기 (응답되는 과정을 기록하세요)
	. .	
	. .	
	. .	
	. .	
	. .	
	. .	
	. .	
	. .	
	. .	
	. .	
	. .	
	. .	
	. .	
	. .	
	. .	
	. .	
	. .	
	. .	
	. .	
	. .	
	. .	
	. .	
	. .	
	. .	
	. .	

깊은 기도를 하십시오.
하늘의 해와 달을 멈출 수 있었던 여호수아의 능력은 깊은 기도에서 비롯된 것이었습니다. (출 33:11, 수 10:12)

중보기도

NO _____

이름 :　　　　　　(남, 여) / E-Mail :
주소 :
전화 :　　　　　　　/　　핸드폰 :
생년월일 :　　년　　월　　일 (음, 양) / 취미 :
교회 :　　　　　　　　　　/　직분 :

◈ 기도시작일 :　　　　**년　월　일**

번호	기 도 제 목	시작일	결과
1			
2			
3			
4			
5			
6			
7			
8			
9			
10			
11			
12			
13			
14			
15			
16			
17			

번 호	날 짜	기 도 일 기 (응답되는 과정을 기록하세요)
	. .	
	. .	
	. .	
	. .	
	. .	
	. .	
	. .	
	. .	
	. .	
	. .	
	. .	
	. .	
	. .	
	. .	
	. .	
	. .	
	. .	
	. .	
	. .	
	. .	
	. .	
	. .	
	. .	
	. .	

찬송하면서 기도하십시오.

바울과 실라는 찬송으로 옥문이 열리는 하나님의 능력을 체험했습니다. 감옥이 그를 가둔 것이 아니라, 바울과 실라가 감옥을 가두었습니다. (행 16:25-26)

중보기도

NO _____

이름 : _____ (남, 여) / E-Mail : _____
주소 : _____
전화 : _____ / 핸드폰 : _____
생년월일 : 　년　　월　　일 (음, 양) / 취미 : _____
교회 : _____ / 직분 : _____

◆ 기도시작일 :　　**년　월　일**

번호	기 도 제 목	시작일	결과
1			
2			
3			
4			
5			
6			
7			
8			
9			
10			
11			
12			
13			
14			
15			
16			
17			

번 호	날 짜	기 도 일 기 (응답되는 과정을 기록하세요)
	. .	
	. .	
	. .	
	. .	
	. .	
	. .	
	. .	
	. .	
	. .	
	. .	
	. .	
	. .	
	. .	
	. .	
	. .	
	. .	
	. .	
	. .	
	. .	
	. .	
	. .	
	. .	
	. .	
	. .	
	. .	
	. .	
	. .	
	. .	
	. .	

약속의 말씀을 붙들고 기도하십시오.

구약 성경에 기록된 믿음의 사람들은 자기 조상들에게 약속해 주신 하나님의 말씀을 붙들고 기도하였습니다. (대하 20:7-9)

중보기도

NO _____

이름 :   (남, 여) / E-Mail :
주소 :
전화 :   /   핸드폰 :
생년월일 :   년   월   일 (음, 양) / 취미 :
교회 :   /   직분 :

◆ 기도시작일 :   **년 월 일**

번호	기 도 제 목	시작일	결과
1			
2			
3			
4			
5			
6			
7			
8			
9			
10			
11			
12			
13			
14			
15			
16			
17			

번 호	날 짜	기 도 일 기 (응답되는 과정을 기록하세요)

하나님의 뜻에 맡기는 기도를 하십시오.

하나님의 뜻을 구하는 것은 작게 구하는 것이 아니라 더 크게 구하는 것을 뜻합니다. (막 14:36)

중보기도

NO _____

이름 :   (남, 여) / E-Mail :
주소 :
전화 :   / 핸드폰 :
생년월일 :   년   월   일 (음, 양) / 취미 :
교회 :   / 직분 :

◈ 기도시작일 :　　**년　월　일**

번호	기 도 제 목	시작일	결과
1			
2			
3			
4			
5			
6			
7			
8			
9			
10			
11			
12			
13			
14			
15			
16			
17			

번 호	날 짜	기 도 일 기 (응답되는 과정을 기록하세요)
	. .	
	. .	
	. .	
	. .	
	. .	
	. .	
	. .	
	. .	
	. .	
	. .	
	. .	
	. .	
	. .	
	. .	
	. .	
	. .	
	. .	
	. .	
	. .	
	. .	
	. .	
	. .	

분명한 목적을 가지고 기도하십시오.

신약성경의 소경 바디메오는 눈을 뜨고자 하는 목적을 가지고 부르짖었기에 눈을 뜨는 기적을 체험할 수 있었습니다. (막 10:46-52)

중보기도

NO _____

이름 :   (남, 여) / E-Mail :
주소 :
전화 :   /   핸드폰 :
생년월일 :   년   월   일 (음, 양) / 취미 :
교회 :   /   직분 :

◈ 기도시작일 :   **년   월   일**

번호	기 도 제 목	시작일	결과
1			
2			
3			
4			
5			
6			
7			
8			
9			
10			
11			
12			
13			
14			
15			
16			
17			

번호	날짜	기 도 일 기 (응답되는 과정을 기록하세요)
	. .	
	. .	
	. .	
	. .	
	. .	
	. .	
	. .	
	. .	
	. .	
	. .	
	. .	
	. .	
	. .	
	. .	
	. .	
	. .	
	. .	
	. .	
	. .	
	. .	
	. .	
	. .	

모호한 기도는 하지 마십시오.

모호한 기도는 모호하게 응답 받게 되어 있고, 구체적인 기도는 구체적으로 응답받게 되어 있습니다. (렘 29:12-13)

중보기도

NO _____

이름 :   (남, 여) / E-Mail :
주소 :
전화 :   /   핸드폰 :
생년월일 :   년   월   일 (음, 양) / 취미 :
교 회 :   /   직분 :

◆ 기도시작일 :   **년   월   일**

번호	기 도 제 목	시작일	결과
1			
2			
3			
4			
5			
6			
7			
8			
9			
10			
11			
12			
13			
14			
15			
16			
17			

번호	날짜	기 도 일 기 (응답되는 과정을 기록하세요)
	. .	
	. .	
	. .	
	. .	
	. .	
	. .	
	. .	
	. .	
	. .	
	. .	
	. .	
	. .	
	. .	
	. .	
	. .	
	. .	
	. .	
	. .	
	. .	
	. .	
	. .	
	. .	

기도의 동역자를 만드십시오.
모세는 산꼭대기에 아론과 훌을 데리고 갔습니다. 기도의 동역자가 있으면 넘어지더라도 힘이 됩니다. (출 17:10-11)

중보기도

NO _____

이름 :　　　　　(남, 여)　/　E-Mail :
주소 :
전화 :　　　　　　　/　　핸드폰 :
생년월일 :　　년　　월　　일 (음, 양) / 취미 :
교회 :　　　　　　　　/　직분 :

◈ 기도시작일 :　　　**년　월　일**

번호	기 도 제 목	시작일	결과
1			
2			
3			
4			
5			
6			
7			
8			
9			
10			
11			
12			
13			
14			
15			
16			
17			

번호	날짜	기 도 일 기 (응답되는 과정을 기록하세요)
	. .	
	. .	
	. .	
	. .	
	. .	
	. .	
	. .	
	. .	
	. .	
	. .	
	. .	
	. .	
	. .	
	. .	
	. .	
	. .	
	. .	
	. .	
	. .	
	. .	
	. .	
	. .	
	. .	

승리를 확신하면서 기도하십시오.

구약성경의 갈렙은 팔십 오세의 나이에도 불구하고 승리를 확신하였기 때문에 가나안 땅에 들어가는 하나님의 축복을 누릴 수 있었습니다.(수 14:10-12)

중보기도

NO _____

이름 :   (남, 여) / E-Mail :
주소 :
전화 :   /   핸드폰 :
생년월일 :   년   월   일 (음, 양) / 취미 :
교회 :   /   직분 :

◈ 기도시작일 :   **년 월 일**

번호	기 도 제 목	시 작 일	결 과
1			
2			
3			
4			
5			
6			
7			
8			
9			
10			
11			
12			
13			
14			
15			
16			
17			

번 호	날 짜	기 도 일 기 (응답되는 과정을 기록하세요)
	. .	
	. .	
	. .	
	. .	
	. .	
	. .	
	. .	
	. .	
	. .	
	. .	
	. .	
	. .	
	. .	
	. .	
	. .	
	. .	
	. .	
	. .	
	. .	
	. .	
	. .	
	. .	
	. .	
	. .	
	. .	

약함이 강함으로 바뀔 수 있도록 기도하십시오.

약한것을 없애달라고 기도하지 말고 약한 것을 강하게 해 달라고 기도하십시오. 하나님은 약한 것을 통하여 강한 것을 부끄럽게 하시는 분이십니다. (고전 1:27-29)

중보기도

NO _____

이름 :　　　　　(남, 여) / E-Mail :
주소 :
전화 :　　　　　　　/　핸드폰 :
생년월일 :　 년　 월　 일 (음, 양) / 취미 :
교회 :　　　　　　　/　직분 :

◈ 기도시작일 :　　　**년　 월　 일**

번호	기 도 제 목	시작일	결과
1			
2			
3			
4			
5			
6			
7			
8			
9			
10			
11			
12			
13			
14			
15			
16			
17			

번 호	날 짜	기 도 일 기 (응답되는 과정을 기록하세요)
	. .	
	. .	
	. .	
	. .	
	. .	
	. .	
	. .	
	. .	
	. .	
	. .	
	. .	
	. .	
	. .	
	. .	
	. .	
	. .	
	. .	
	. .	
	. .	
	. .	
	. .	
	. .	
	. .	

하나님 나라를 위하여 기도하십시오.

하나님 나라를 먼저 위할 때 축복의 문이 열립니다. "너희는 먼저 그의 나라와 그의 의를 구하라 그리하면 이 모든 것을 너희에게 더하시리라"(마 6:33)

중보기도

NO _____

이름 :　　　　　(남, 여)　/　E-Mail :
주소 :
전화 :　　　　　　　　/　　핸드폰 :
생년월일 :　　년　　월　　일 (음, 양) / 취미 :
교회 :　　　　　　　　　/　　직분 :

◈ 기도시작일 :　　**년　월　일**

번호	기 도 제 목	시작일	결과
1			
2			
3			
4			
5			
6			
7			
8			
9			
10			
11			
12			
13			
14			
15			
16			
17			

번 호	날 짜	기 도 일 기 (응답되는 과정을 기록하세요)
	. .	
	. .	
	. .	
	. .	
	. .	
	. .	
	. .	
	. .	
	. .	
	. .	
	. .	
	. .	
	. .	
	. .	
	. .	
	. .	
	. .	
	. .	
	. .	
	. .	

간절한 마음으로 기도하십시오.

"너는 내게 부르짖으라 내가 네게 응답하겠고 네가 알지 못하는 크고 은밀한 일을 네게 보이리라."(렘 33:3)

중보기도

NO _____

이름 :　　　　　　(남 , 여)　/　E-Mail :
주소 :
전화 :　　　　　　　　　/　　핸드폰 :
생년월일 :　　년　　월　　일 (음 , 양)　/　취미 :
교회 :　　　　　　　　　/　직분 :

◈ 기도시작일 :　　　　**년　월　일**

번호	기 도 제 목	시작일	결과
1			
2			
3			
4			
5			
6			
7			
8			
9			
10			
11			
12			
13			
14			
15			
16			
17			

번호	날짜	기 도 일 기 (응답되는 과정을 기록하세요)

대적을 이길 수 있도록 기도하십시오.

기도는 불가능을 가능케 하는 놀라운 힘이 있습니다. 기도는 어떠한 상황에서도 하나님의 도우심을 받을 수 있는 마스터 키와 같습니다.(수 21:44)

개인기도는 왜 하는가?

하나님은 우리의 음성 듣기를 즐겨 하신다. 우리의 작은 신음에도 귀를 기울이시고 응답하시기를 기뻐하신다. 하나님은 기도를 통해서 우리와 계속적인 관계를 유지하기를 원하시고 당신의 놀라운 비밀을 공개 하시기를 원하신다. 따라서 기도하지 않는다는 것은 하나님의 큰 능력과 역사를 체험할 수 있는 귀중한 축복을 스스로 포기하는 것이나 마찬가지이다.

개인기도

개인기도(예시)

2016 년 2월 4일 목 요일

기도할 제목

기도 수첩 제작

약속의 말씀

네가 자기의 일에 능숙한 사람을 보았느냐 이러한 사람은 왕 앞에 설 것이요 천한 자 앞에 서지 아니하리라
(잠 22:29)

16. 2. 4	가정예배를 드리며 온 식구에게 수첩제작 기도 부탁
16. 2. 13	기도수첩 방향설정 및 초안작업
16. 2. 25	이승렬 목사님께서 초안작업 감수해 줌
16. 2. 26	기도수첩 표지 및 식자 작업
16. 3. 1	기도수첩 1차 교정
16. 3. 7	기도수첩 5,000부 제작 할렐루야!

결과 / 완성

2016 년 3월 3일 목 요일

기도할 제목

이국종 형제 결혼

약속의 말씀

이러므로 남자가 부모를 떠나 그 아내와 연합하여 둘이 한 몸을 이룰지로다
(창 2:24)

16. 2. 8	국종이 형제 결혼한다고 연락해 옴
16. 2. 12	매일 기도하던 중 오늘은 더욱 뜨거운 마음으로 기도함
16. 2. 19	혜숙 자매가 인사차 찾아옴
16. 3. 12	국종 형제와 혜숙 자매와 종교와 사회에 관해 이야기하고 정을 나눔
16. 3. 29	국종 형제 생각이나 가정예배 후 뜨겁게 기도해 줌
16. 4. 10	고봉성결교회에서 결혼하고 제주도로 신혼여행 떠남

결과 / 4.10일 결혼

개인기도

　　　년　　월　　일　　요일

기도할 제목	약속의 말씀

. .
. .
. .
. .
. .
. .

결과 /

　　　년　　월　　일　　요일

기도할 제목	약속의 말씀

. .
. .
. .
. .
. .
. .

결과 /

개인기도

년   월   일   요일

| 기도할 제목 | 약속의 말씀 |

결과 /

년   월   일   요일

| 기도할 제목 | 약속의 말씀 |

결과 /

개인기도

　　　년　　월　　일　　요일

| 기도할 제목 | 약속의 말씀 |

| . . |
| . . |
| . . |
| . . |
| . . |

결과 /

　　　년　　월　　일　　요일

| 기도할 제목 | 약속의 말씀 |

| . . |
| . . |
| . . |
| . . |
| . . |

결과 /

개인기도

　　　년　　월　　일　　요일

| 기도할 제목 | 약속의 말씀 |

결과 /

　　　년　　월　　일　　요일

| 기도할 제목 | 약속의 말씀 |

결과 /

개인기도

년   월   일   요일

기도할 제목	약속의 말씀

. .	
. .	
. .	
. .	
. .	

결과 /

년   월   일   요일

기도할 제목	약속의 말씀

. .	
. .	
. .	
. .	
. .	

결과 /

개인기도

　　년　　월　　일　　요일

기도할 제목	약속의 말씀

결과 /

　　년　　월　　일　　요일

기도할 제목	약속의 말씀

결과 /

개인기도

년   월   일   요일

기도할 제목	약속의 말씀

| . . |
| . . |
| . . |
| . . |
| . . |

결과 /

년   월   일   요일

기도할 제목	약속의 말씀

| . . |
| . . |
| . . |
| . . |

결과 /

개인기도

년　월　일　요일

기도할 제목	약속의 말씀

결과 /

년　월　일　요일

기도할 제목	약속의 말씀

결과 /

개인기도

　년　　월　　일　　요일

기도할 제목

약속의 말씀

결과 /

　년　　월　　일　　요일

기도할 제목

약속의 말씀

결과 /

개인기도

　　년　　월　　일　　요일

기도할 제목	약속의 말씀

결과 /

　　년　　월　　일　　요일

기도할 제목	약속의 말씀

결과 /

개인기도

　년　　월　　일　　요일

기도할 제목

약속의 말씀

. .	
. .	
. .	
. .	
. .	결과 /

　년　　월　　일　　요일

기도할 제목

약속의 말씀

. .	
. .	
. .	
. .	결과 /

# 개인기도

년   월   일   요일

기도할 제목	약속의 말씀

결과 /

년   월   일   요일

기도할 제목	약속의 말씀

결과 /

개인기도

　년　　월　　일　　요일

기도할 제목	약속의 말씀

. .	
. .	
. .	
. .	
. .	결과 /

　년　　월　　일　　요일

기도할 제목	약속의 말씀

. .	
. .	
. .	
. .	
. .	결과 /

개인기도

　　　년　　월　　일　　요일

기도할 제목	약속의 말씀

결과 /

　　　년　　월　　일　　요일

기도할 제목	약속의 말씀

결과 /

개인기도

년　월　일　요일

기도할 제목	약속의 말씀

. .	
. .	
. .	
. .	
. .	
. .	결과 /

년　월　일　요일

기도할 제목	약속의 말씀

. .	
. .	
. .	
. .	
. .	
. .	결과 /

개인기도

년   월   일   요일

기도할 제목	약속의 말씀

결과 /

년   월   일   요일

기도할 제목	약속의 말씀

결과 /

개인기도

　년　　월　　일　　요일

| 기도할 제목 | 약속의 말씀 |

. .	
. .	
. .	
. .	
. .	

결과 /

　년　　월　　일　　요일

| 기도할 제목 | 약속의 말씀 |

. .	
. .	
. .	
. .	
. .	

결과 /

개인기도

년   월   일   요일

기도할 제목	약속의 말씀

결과 /

년   월   일   요일

기도할 제목	약속의 말씀

결과 /

개인기도

년   월   일   요일

| 기도할 제목 | 약속의 말씀 |

결과 /

년   월   일   요일

| 기도할 제목 | 약속의 말씀 |

결과 /

곱씹어야 한다

예배 시 증거되는 하나님의 말씀을 한 주간 내내 기억하고 있는 사람은 극히 드문 일이라 할 수 있겠다. 예배가 끝나는 동시에 설교의 본문이나 제목조차도 기억하지 못하는 것은 이미 오래된 일인데 한 주간 내내 설교 내용을 기억하고 있다는 것은 거의 기적에 가까운 일인지도 모르겠다. 주일 오전 예배에 나오는 교인 중 단 십퍼센트도 저녁예배나 공 예배에 참석하지 않는 교회가 늘어나고 있는 현실이 아닌가, 이러한 때에 어떻게 설교의 내용까지 기억할 수 있게는가, 하지만 말씀이 심령에 각인될 때 그 심령이 살아난다. 말씀을 통하여 병든 영혼이 고침을 받을 수 있다. 말씀을 기억해야 사단을 쫓아낼 수 있으며 변화된 생활을 할 수 있다. 어떤 성도는 예배시 증거되는 설교의 내용을 간단하게 메모하여 월요일 날 한 주간 동안 그 내용을 계속 곱씹는다고 한다. 곱씹으면 곱씹을수록 더 깊은 은혜를 체험할 수 있다는 것이다. 말씀을 읽고 듣는 것도 중요하지만 들은 말씀을 기억하여 계속적으로 곱씹는 생활을 한다면 진국 같은 주님의 은혜를 체험할 수 있다. 매주 주보에 설교를 요약하여 실어놓은 교회들이 많다. 그러나 이미 새로운 말씀을 들어야 하는데 한 주 전의 설교 내용을 곱씹으며 있을 수야 없지 않은가. 강단에서 들려오는 귀중한 말씀을 나름대로 간단하게 기록하는 습관을 길러보라. 그리고 그 내용을 월요일부터 곱씹어보라, 그리하면 매일 매일의 삶이 은혜의 지배를 받는 생활이 될 것이다.

설교요약

설교요약(예시)

제 목 | 축복의 부메랑 (주일낮) 예배 16년 2월 14일
본 문 | 눅6:58

사해바다를 죽음의 바다. 그 원인은 받기만 하고 줄 줄 모르기 때문임. 반면에 갈릴리 바다는 생명이 넘치는 바다이다. 주변에 수목들이 가득차 있고 수많은 어종이 뛰어 논다. 그 원인은 요단강을 통해서 자기의 물을 계속해서 보낼 줄 알기때문이다.

1. 주라
주는 삶이 풍요롭다. 어떤 사람이 궁핍하고 가난한가? 줄 줄 모르는 사람이다.
1) whoever 누구에게든지 주라
2) whoever 아무때라도 주라
3) whoever 어디에서든지 주라

2. 그리하면 너희에게 줄 것이다
1) 록펠러 - 주는 삶을 통해서 54세에 마칠 시한부 인생을 98세까지 살았다. 성도의 또 다른 이름은 사랑이다. 사랑은 한가지 욕망을 동반하는데 그것은 주는것이다. 건전하고 아름다운 신앙이 사라져갈때 독버섯처럼 생겨나는 것이 자기 자신만을 위한 탐심이다. 주면 주님이 보상해 주신다.

3. 곧 후이 되어 누르고
쪽 바가지만큼 주면 쪽 바가지만큼 받고, 탱크로리로 주면 탱크로리로 주님이 채워 주신다. 이것이 축복의 부메랑이다.

설교요약

제 목 |　　　　　　　　　　　（　　　）예배　년　월　일

본 문 |

설교요약

제 목 | (   ) 예배   년   월   일

본 문 |

설교요약

제목 |　　　　　　　　　　（　　　）예배　　년　월　일

본문 |

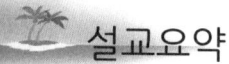
설교요약

| 제 목 | | ( ) 예배 년 월 일 |

본 문 |

설교요약

제목 | 　　　　　　　　（　　　）예배　　년　월　일

본문 |

설교요약

제목 |　　　　　　　　　　（　　）예배　년　월　일

본 문 |

설교요약

제목 | ( ) 예배   년 월 일

본문 |

설교요약

제 목 |　　　　　　　　（　　　）예배　　년　월　일

본 문 |

설교요약

제목 |　　　　　　　　　　（　　　）예배　년　월　일

본문 |

설교요약

제목 | （　　）예배　년　월　일

본문 |

설교요약

제목 |　　　　　　　　　（　　）예배　년　월　일

본문 |

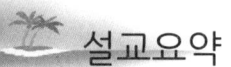

설교요약

제 목 |　　　　　　　　（　　　）예배　년 월 일

본 문 |

설교요약

제목 |　　　　　　　　　　（　　　）예배　년　월　일

본문 |

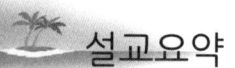

설교요약

제목		( ) 예배 년 월 일
	본 문	

설교요약

제 목 |　　　　　　　　（　　）예배　년　월　일

본 문 |

설교요약

| 제목 | | ( ) 예배 　년　월　일 |

본문 |

설교요약

제목 | _____ (   ) 예배   년 월 일

본문 |

설교요약

제 목 |　　　　　　　　　（　　　）예배　년　월　일

본 문 |

설교요약

제목 |　　　　　　　　　　　(　) 예배 　년　월　일

본문 |

설교요약

제 목 |　　　　　　　　　（　　　）예배　년　월　일

본 문 |

설교요약

제 목 |　　　　　　　　　　（　　　）예배　년　월　일

본 문 |

설교요약

제목 | 　　　　　　　　　　（　　　）예배　　년　월　일

본문 |

설교요약

제목 |　　　　　　　　　（　　）예배　년　월　일

본문 |

설교요약

제 목 |　　　　　　　　　　（　　　）예배　　년　월　일

본 문 |

설교요약

제목 |　　　　　　　　（　　）예배　년　월　일

본문 |

영적상태에 따른 복음 전달 방법

무실론자

1) 부자와 나사로의 이야기를 통해서 인간에게 어떤 문제가 있는지를 지적해 준다.
   인간의 문제 : 천국과 지옥 - (눅 16:19-31)
2) 인간의 근본 문제가 무엇인지를 지적해 준다.
   죄를 범함, 모두 죄인 - (롬 3:23, 10)
3) 죄의 결과가 무엇인지 지적해 준다.
   사망, 세상 풍속을 좇음, 공중의 권세잡은 자에게 복종하는 생활 - (롬 6:23, 엡 2:3)
4) 죄 문제를 해결하기 위해서 하나님이 무엇을 하셨는지를 알려준다.
   예수 그리스도를 보내심 - (요 3:15)
5) 예수 그리스도를 믿으면 어떤 변화가 일어나는지 알려준다.
   신분의 변화, 마귀의 자녀에서 하나님의 자녀가 됨 - (요 1:12)

확신이 없는 자

1) 멸망 상태에 있는 인간의 모습을 지적해 준다.
   본질상 진노의 자녀, 부패한 풍속을 좇음, 욕심을 따라서 살아감 - (엡 2:1-3)
2) 구원이 무엇인지를 알려준다.
   과거, 현재, 미래 문제 해결 - (엡 2:1-6)
3) 예수 그리스도를 믿으면 어떤 복을 받는지 알려준다.
   음부의 권세가 이기지 못함, 천국의 열쇠를 받게 됨 - (마 16:13-19)

낙심자

1) 하나님이 어떤 분이지를 알려 주어야 한다.
   하나님을 찾는 자에게 상을 주심 - (히 11:6)
2) 하나님을 의뢰하는 자에게 함께 동행해 주신다는 것을 알려준다.
   하나님을 인정하면 가는 길을 붙들어 주심 - (잠 3:5-6)
3) 이 사실을 깨닫지 못하는 이유가 무엇인지를 알려 주어야 한다.
   그리스도의 영인 성령을 받지 않았기 때문이다 - (고전 2:10-14)

4) 하나님의 은혜를 체험하려면 어떻게 하는지를 알려 주어야 한다.
　① 예수 그리스도를 영접해야 함. (요 1:12)
　② 성령을 힘입어야만 함. (마 12:28, 요 14:26-27)
　③ 진심으로 기도해야 함. (행 2:1-13)

우상숭배자(제사)

1) 제사나 우상숭배의 대상이 누구인지를 알려준다.
　귀신 - (고전 10:20)
2) 우상숭배의 결과가 어떻게 되는지를 알려준다.
　지옥 형벌 - (계 1:8)

귀신들린 자

1) 귀신의 왕이 누구인지를 알려주어야 한다.
　사단, 마귀 - (창 3:1-10)
2) 예수 그리스도의 오신 목적을 설명해 주어야 한다.
　사단 마귀를 멸하러 오심 - (요일 3:8)
3) 성도를 부른 목적이 무엇인지를 설명해 주어야 한다.
　귀신을 내어 쫓기 위함 - (막 3:13-15)
4) 귀신에 사로잡힌 생활에서 벗어나려면 어떻게 해야 하는지를 알려 주어야 한다.
　예수 그리스도를 영접, 성령을 힘입어야 함 - (요 1:12, 마 12:28-29)

질병에 걸린 자

1) 질병의 시작이 어떻게 시작되었는지를 알려주어야 한다.
　인간의 잘못, 하나님의 저주 - (창 3:16-19)
2) 질병의 원인이 무엇인지를 알려주어야 한다.
　(1) 일반적인 원인
　　① 과로 ② 실수 ③ 전염병 ④ 노화 ⑤ 유전으로 인한 병
　(2) 죄로 인한 병(영적인 치료가 있어야 하는 병)
　　① 조상죄 : 우상숭배는 삼사대까지 이르는 병 (출 20:4, 삼하 12:15)
　　　이름도 밝혀지지 않으며 의술로는 불치병으로 드러난다.

② 원죄: 그 영이 저주받은 상태에 있으므로 치료가 불가능해진다. (창 3:16-19)
　　임시 치료는 가능하나 근본 치료가 불가능하다.
③ 자범죄로 인한 병 (왕하 5:27, 대하 21:12-19, 고전 5:5)
(3) 마귀(귀신)가 가져다 주는 병(영적인 치료가 있어야 하는 병)
① 정신 (막 5:3-15)　② 마음 (엡 4:23-27)
③ 환경 (마 12:25-28) ④ 신경 (막 9:17, 눅 13:16)
(4) 하나님의 뜻이 있는 병 (고후 12:7, 단 8:27)
3) 치유될 수 있는 길을 알려 주어야 한다.
(1) 먼저 영적인 치료가 있어야 함. (요삼 1:2)
① 영접 (요 1:12)　② 성령충만 (엡 5:18)
(2) 죄를 끊어야 한다. (약 5:13-16)
(3) 환경을 바르게 해야 한다. (약 5:13-14)

불교, 타종교인

1) 원죄에 대하여 알려 주어야 한다.
　인신죄, 마귀의 자녀 - (창 3:1-25, 요 8:44)
2) 모든 사람은 태어나면서 부터 죄인이라는 것을 알려 주어야 한다.
　죄의 유전 - (롬 5:12)
3) 모든 종교인이 죄의 결과를 보고 고민하고 노력했음을 알려 주어야 한다.
(1) 선행, 덕 (렘 17:9)
(2) 철학 (전 12:12)
(3) 우상숭배, 미신종교 (행 4:12)
4) 인간의 모습으로 오신 예수에 대해서 알려 주어야 한다. (요 1:14, 3:16)
5) 죄 문제를 해결 받을 수 있는 길을 알려 주어야 한다.
　영접 - (요 1:12)

잡신을 모신 자(무당)

1) 재앙을 받게 된다는 것을 알려 주어야 한다. (출 20장)
2) 항상 괴로움이 따르게 된다는 것을 알려 주어야 한다. (막 5:1-10, 행 16:16-18)
3) 고난이 쌓인다는 것을 알려 주어야 한다. (마 12:43-35)

천주교

1) 우상숭배
   마리아 상이나 교황을 섬김 - (신 5:7-9)
2) 변개된 성경
   외경, 교회의 말씀과 성경을 동등하게 취급함 - (계 22:18-19)
3) 마리아 무오설을 주장
   모든 사람은 죄인 - (롬 3:23)
4) 행위 구원 강조
   구원은 오직 믿음으로만 받을 수 있음 - (롬 3:23-28, 요 14:6)

질의 응답 방법

질문처리방법

1. 엉뚱한 질문이 나올 때 당황해서는 안된다

엉뚱한 질문이 나올 때에 상대방의 관심이 상실했음을 분명히 알고 속히 복음으로 다시 돌아가야 한다. 전도자는 기색을 보이지 말고 상대방의 의견을 존중하는 태도를 가지면서 본 복음의 내용으로 이끌어야 한다.

2. 논쟁을 피하라

전도자는 결코 부정적으로 논쟁하지 말아야 한다. 상대방이 논쟁조로 나올지라도 전도자는 언제나 부드럽게 또는 감화력으로 그의 심령에 파고 들어가야 한다. 잠언 25장 15절에 "부드러운 혀는 뼈를 꺾느니라"라고 했다. 논쟁을 하게 되면 상대방의 자존심이 더욱 강해지고 흥분하며, 증오심과 혈기까지 폭발하게 되어 있다. 논쟁을 하여 상대방이 패했다 할지라도 그 심중에는 분개한 감정으로 꽉 차게 되므로 복음에 대한 호감을 갖지 못하게 하는 것이 되고 만다.

그러므로 상대방이 논쟁조로 나올지라도 그를 따라 맞서지 말고, 그의 감정을 지혜롭게 완화시키면서 말로 응해줄 수 있어야 한다. 잠언 15장 1절에 "유순한 대답은 분노를 쉬게 하여도 과격한 말은 노를 격동케 하느니라"라고 하였다. 다툼에 들어가게 되면 이긴다 해도 전도자에게 유익이 전혀 없다.

3. 긍정적인 태도를 보여주라

전도 대상자가 자기 속에 든 생각과 감정을 표현하여 반대 의견이나 질문을 했을 때 전도자는 긍정적인 태도를 보여 주는 것이 좋다. "참으로 좋은 질문입니다." 또는 "그 말씀 잘하셨습니다."라고 대답하면 그도 복음을 들을 때 귀를 기울이고 긍정적인 태도를 보여 줄 것이다.

4. 뒤로 미루라

문제의 핵심을 벗어난 것은 뒤로 미루어야 한다. 복음을 듣는 사람이 자기가 평소에 가졌던 기독교에 관한 의문점을 말하는 일이 있을 것이다. 그러나 그가 말하는 것이 내가 전한 복음과 방향이 다른 것이면 그 문제는 다음에 서로 이야기하자고 부드럽게 미루어 놓아야 한다.

그 이유는 만일 그가 말하는 문제에 내가 이끌려 가면 복음을 전하는 기회를 잃게 되기 때문이다. 전도자는 반대 의견을 미루어 놓게 할 때 상대방의 기분을 불쾌하지 않도록 주의하며 "그 문제도 중요 하겠지만 다음 기회에 말씀 드리기로 하고 제가 하던 말을 계속 하겠습니다."라고 이어 가는 것이 좋은 방법이다.

5. 부득이 질문에 답해야 할 경우 성경에 근거한 말로 대답하라 그리고 모를 경우 정직하게 대답하라

"그건 아주 좋은 질문이군요. 하지만 그 문제에 대해서 잘 모르고 있습니다."

질문에 대한 답변

1. "하나님이 보이지 않는데 어떻게 믿느냐?" 고 하는 사람

1) 이 세상 속에 하나님을 알 만한 것이 얼마든지 있다. 이 세상은 하나님의 작품이기에 하나님의 솜씨가 숨어있다. (롬 1:20)
2) 인간의 역사, 종교, 민족, 경제, 정치 등 모든 이 세상 일 속에 하나님의 손길이 나타난다. (행 17:25-28)
3) 예수 그리스도는 우리에게 나타난 하나님이시다. 즉, 예수 그리스도를 보는 것은 하나님을 보는 것이다. (요 12:45)라고 예수께서 직접 말씀하셨다.

2. "성경의 진리성" 여부를 질문하는 사람

그들에게 성경은 진리며 '예언서'이다. 구약은 모두 성취되었다. 신약은 성취된 것을 알려주고 또 새로운 예언이 되어 있다. 세상의 어떤 경전도 예언서가 아니다. 성경은 우리의 된 일을 예언하고 성취한다.

디모데후서 3장 16절은 하나님의 감동으로 기록된 것이 성경이라고 단언하고 있다. 그 질문하는 자에게 성경의 예언적 역할에 대해 증거해 주면 된다. 이루어지지 아니한 것이 하나도 없다.

3. "나는 너무 죄가 많다" 라고 복음을 회피하는 사람

그에게는 "의인이 아무도 없다"라고 가르쳐 주어야 한다. 오히려 자신이 죄인이라고 인정하는 당신은 그들 보다는 낫다고 깨우쳐 주어야 한다. 예수 그리스도는 죄인들을 부르러 오셨다. 그 분은 죄인들을 찾고 계신다.

이러한 율법주의적 사고에 박힌 사람은 사단의 영이 지배하고 있다. 법정의 모습을 예화로 들려줄 필요가 있다. 법정을 생각해 보면 판사를 중심으로 좌우에 검사와 변호사가 있다. 검사는 죄인의 죄를 지적해서 판사에게 얘기한다. 그러나 변호사는 그렇게 할 수 밖에 없었다 라는 사실을 과학적으로 증명한다. 주님이 바로 우리의 변론자이시다. (마 9:12-13)

4. "나는 믿고 싶은데 안 믿어진다" 고 말하는 사람

이것은 기본적 믿음이 있다. 이것은 성격탓이다. 그러므로 "당신은 이미 마음으로는 믿음이 있다는 뜻이다. 그러므로 이제 입으로 시인하기만 하면 된다."라고 권면한다.

로마서 10장 9~10 절에 보면, 입으로 시인하는 그것이 바로 믿는 것이다. 믿고 싶은데 증거도 없고, 체험이 없다는 이야기인데 주 예수 그리스도를 보지 않고 믿는 자가 복이 있다고 성경에 기록되어 있다. 체험을 하려고만 한다면 먼저, 곤경에 빠진다. 체험을 해야만 믿겠다고 하는 사람의 믿음은 옳지 않다. 낮은 수준이라고 이야기해 주어야 한다. (요 20:29-31)

5. "모든 종교는 다 같다"고 이야기하는 사람

모든 종교가 선을 행하자고 주장하는 것은 다 같다. 그러나 인간이 구원을 받는 것은 마귀의 손에서 구원을 받는 것이다. 마귀를 이기는 것은 결코 사람이 할 수 없다. 하나님만 하실 수 있다. 그래서 하나님이 사람의 몸을 입고 오셨다. 죄를 속량하시려고, 죄를 대속하는 그곳에만 마귀의 권세를 이기는 것이다.

사망이 어찌 죄의 문제를 해결할 수 있는가 (요 11:25, 롬 5:21)

식견있는 부처를 믿었던 중들이 말하기를 "불교에는 깊이 들어가면 구원이 없다"라는 것을 발표했다.

"나는 길이요 진리요 새명이니 나로 말미암지 않고는 구원이 없다." (요 14:6) 라고 이야기해준다.

6. "믿고 싶지만 시간이 없다"고 말하는 사람

이유가 많다. 직장, 일, 공부 때문에 바쁘다고 하는 사람, 그 사람에게는 교회를 오라고 할 것이 아니고 주님을 영접하게 해 주어야 한다. 그러면 그는 교회를 가고자 하는 마음이 생긴다. 왜냐하면 그 영혼 속에 성령이 내주하시기 때문이다.

억지로 교회에 끌고 오는 것이 능사가 아니다. "들으라 너희 중에… 이익을 보려는 자들아… 너희 생명이 무엇이뇨 너희 생명은 잠깐 보이다가 없어지는 안개니라."(약 4:13-14) 고 진술하고 있다.

"보라 지금은 은혜받을 만한 때요, 보라 지금은 구원의 날이로다."(고후 6:2), "어리석은 자여… 네 영혼을 도로 찾으려니…"(눅 12:19-20), "너는 내일 일을 자랑하지 말라 하루 동안에 무슨 일이 일어날는지 네가 알 수 없음이다."(잠 27:1) 이러한 성경의 사실을 확실히 제시해 주어야 한다.

7. "예수 믿으면 포기해야 될 것이 너무 많아서"라고 이야기하는 사람

그것은 착각이다. 예수 믿으면 100배를 얻는다고 했다.(막 10:29-30)
천하를 얻고도 목숨을 잃으면 무슨 소용이 있는가?(막 8:36-37)
누구든지 세상을 사랑하면⋯ 하나님께로서 온 것이 아니고 세상으로 온 것이다. (요일 2:15-17) 그것은 다 지나가는 것이다. 너무 화려한 것에 유혹받으면 안된다. 너무 땅에 있는 것에 집착하면 비참한 인간이 된다. 예수 믿으면 세상을 포기하는 것이 아니라 얻는 것이다.

8. "예수 믿는 사람들에게 실망한" 사람들이 있다

표준이 예수그리스도이다. 교인이 표준이 아니다. 그러나 인정하라. 왜냐하면 나 자신도 문제가 있고 나같은 사람이 교회에 있기 때문에, 또 변화되어가는 중에 있기 때문에 그렇다고 이야기 해야한다.
 "믿음의 주요 또 온전하게 하시는 이인 예수를 바라보라" 사람을 바라보면 안된다고 이야기 하라.(히 12:2)
 "온전히 이룬 것이 아니고 달려가는 중에 있다." 즉, 자꾸 변해 간다고 이야기 한다.(빌 3:12,14)

9. "가난해서 생활이 어려워서" 못 믿겠다고 이야기하는 사람

"하나님을 믿으면 영혼 구원만 얻는 것이 아니고 생활 가운데에서 축복이 일어나다."(요삼 1:2)
 우찌무라 간조는 "3년 안에 예수 믿고 부자되지 않는 자는 자신의 내부에 또 다른 문제인 불신이 있기 때문이다"라고 이야기 하고 있다. (약 2:5)
주님은 가난한 자를 찾아오셔서 가난한 사람을 부요케 하려고 오셨다고 성경에 기록되어 있다.

10. "하나님은 믿는데 예수는 못 믿겠다"는 사람

"너는 내 사랑하는 아들이요 기뻐하는 자라"고 하나님이 예수님에 대해 말씀하셨다.(마 3:17)
 "내가 그 인줄 믿지 아니하면 너희 죄 가운데서 죽으리라"고 했다. (요 8:32)

"하나님을 공경하는 것이 예수님을 공경하는 것이다."(요 5:2)라고 성경에 기록되어 있다. 예수님을 본 자는 하나님을 본 자라고 예수님이 선언하셨다. 귀신들도 그를 알아보았고 그 앞에 굴복했다.(마 8:29) 예수는 역사를 B.C (기원전: Before christ)과 A.D (기원전: Anno domini)로 구분시켜 놓으신 분이다.(마 1:1-3)

11. "기독교는 교파가 너무 많다" 라고 하는 사람

그것은 결코 나쁠 것이 없다. "몸은 하나인데 지체가 많다. 그리스도는 하나이고 믿는 자는 여러가지이다."(고전 12:20)

12. "나는 죄가 없다" 라고 하는 사람

"모든 사람이 다 죄인이다."(롬 3:23) 죄인이란 하나님을 모르는 자 모두를 말한다.

13. "다녀 보아도 소용이 없었다" 라고 하는 사람

교회만 다녔지, 예수 믿는 것이 아니었다. 이것을 질문해 보라 (요 1:12, 요 15:7, 계 3:20)

14. "죽으면 그만이다" 라고 하는 사람

이런 사람은 인생을 마음대로 산다. 그런데 결코 그렇지가 못하다. 성경은 지옥을 명백하게 증거하고 있다.(계 21:8, 요 14:1-4, 눅 16:19) 지옥이 없다는 사람은 분명이 지옥갈 사람이다.

15. "성실하고 진실하게 살면 된다" 라고 하는 사람

"자신은 바른 길이라고 걸어가나 필경은 사망의 길이다."(잠 14:12, 16:25)
"모든 사람은 죄인이다."(롬 3:23)

16. "예수 믿는 사람은 광신적이라서" 라고 말하는 사람

지나친 표현일 뿐이지 그것이 표준은 아니다. (시 47:1, 요 8:47)

17. "기독교인은 왜 사회 참여를 하지 않는가?" 라고 말하는 사람

1) 우리는 그 보다 한 사람의 영혼을 더 귀중하게 여긴다. (마 16:26)
   예수께서도 "온 천하를 얻고도 사람이 제 목숨을 잃으면 아무 유익이 없다" 고 하셨다.
2) 그러나 모든 기독교인은 세상에 대한 책임과 의무를 지는 것을 최고의 덕으로 삼고 있다. (마 5:13-14)

18. "다음에 믿겠다" 라고 하는 사람

1) 인생은 마치 사라지는 안개와 같다. 그러므로 내일을 기약할 수 없다. (약 4:14)
2) 믿지 않는 것은 자유지만 복음을 듣고 외면하는 것은 하나님의 진노를 머리 위에 쌓는 것이다. (살후 1:8, 히 2:2-3)

19. "지옥이나 천국은 없다" 라고 하는 사람

1) 성경은 천국과 지옥에 대하여 분명히 언급하고 있다. (마태복음 5장에만 천국이 4번, 지옥이 3번 나온다)
2) 예수님께서는 우리를 위해 천국에 처소를 예비해 놓으셨다. (요 14:2-3)
   지옥은 영원 전부터 하나님을 대적하는 자를 위하여 예비해 놓으셨다. (계 20:1-3)

개인전도는 모든 전도에 있어서 기본이 된다. 이상의 20가지 반대 질문 처리법을 숙지하여 활용할 수 있어야 한다.

Daily Bread

구약성서

창세기	1	2	3	4	5	6	7	8	9	10	11	12	13	14	15	16	17	18	19	20	21	22	23	24	25	26	27	28	29	30
	31	32	33	34	35	36	37	38	39	40	41	42	43	44	45	46	47	48	49	50										
출애굽기	1	2	3	4	5	6	7	8	9	10	11	12	13	14	15	16	17	18	19	20	21	22	23	24	25	26	27	28	29	30
	31	32	33	34	35	36	37	38	39	40																				
레위기	1	2	3	4	5	6	7	8	9	10	11	12	13	14	15	16	17	18	19	20	21	22	23	24	25	26	27			
민수기	1	2	3	4	5	6	7	8	9	10	11	12	13	14	15	16	17	18	19	20	21	22	23	24	25	26	27	28	29	30
	31	32	33	34	35	36																								
신명기	1	2	3	4	5	6	7	8	9	10	11	12	13	14	15	16	17	18	19	20	21	22	23	24	25	26	27	28	29	30
	31	32	33	34																										
여호수아	1	2	3	4	5	6	7	8	9	10	11	12	13	14	15	16	17	18	19	20	21	22	23	24						
사사기	1	2	3	4	5	6	7	8	9	10	11	12	13	14	15	16	17	18	19	20	21									
룻기	1	2	3	4																										
사무엘상	1	2	3	4	5	6	7	8	9	10	11	12	13	14	15	16	17	18	19	20	21	22	23	24	25	26	27	28	29	30
	31																													
사무엘하	1	2	3	4	5	6	7	8	9	10	11	12	13	14	15	16	17	18	19	20	21	22	23	24						
열왕기상	1	2	3	4	5	6	7	8	9	10	11	12	13	14	15	16	17	18	19	20	21	22								
열왕기하	1	2	3	4	5	6	7	8	9	10	11	12	13	14	15	16	17	18	19	20	21	22	23	24	25					
역대상	1	2	3	4	5	6	7	8	9	10	11	12	13	14	15	16	17	18	19	20	21	22	23	24	25	26	27	28	29	
역대하	1	2	3	4	5	6	7	8	9	10	11	12	13	14	15	16	17	18	19	20	21	22	23	24	25	26	27	28	29	30
	31	32	33	34	35	36																								
에스라	1	2	3	4	5	6	7	8	9	10																				
느헤미야	1	2	3	4	5	6	7	8	9	10	11	12	13																	
에스더	1	2	3	4	5	6	7	8	9	10																				
욥기	1	2	3	4	5	6	7	8	9	10	11	12	13	14	15	16	17	18	19	20	21	22	23	24	25	26	27	28	29	30
	31	32	33	34	35	36	37	38	39	40	41	42																		
시편	1	2	3	4	5	6	7	8	9	10	11	12	13	14	15	16	17	18	19	20	21	22	23	24	25	26	27	28	29	30
	31	32	33	34	35	36	37	38	39	40	41	42	43	44	45	46	47	48	49	50	51	52	53	54	55	56	57	58	59	60
	61	62	63	64	65	66	67	68	69	70	71	72	73	74	75	76	77	78	79	80	81	82	83	84	85	86	87	88	89	90
	91	92	93	94	95	96	97	98	99	100	101	102	103	104	105	106	107	108	109	110	111	112	113	114	115	116	117	118	119	120
	121	122	123	124	125	126	127	128	129	130	131	132	133	134	135	136	137	138	139	140	141	142	143	144	145	146	147	148	149	150
잠언	1	2	3	4	5	6	7	8	9	10	11	12	13	14	15	16	17	18	19	20	21	22	23	24	25	26	27	28	29	30
	31																													
전도서	1	2	3	4	5	6	7	8	9	10	11	12																		
아가	1	2	3	4	5	6	7	8																						
이사야	1	2	3	4	5	6	7	8	9	10	11	12	13	14	15	16	17	18	19	20	21	22	23	24	25	26	27	28	29	30
	31	32	33	34	35	36	37	38	39	40	41	42	43	44	45	46	47	48	49	50	51	52	53	54	55	56	57	58	59	60
	61	62	63	64	65	66																								
예레미야	1	2	3	4	5	6	7	8	9	10	11	12	13	14	15	16	17	18	19	20	21	22	23	24	25	26	27	28	29	30
	31	32	33	34	35	36	37	38	39	40	41	42	43	44	45	46	47	48	49	50	51	52								
예레미야애가	1	2	3	4	5																									
에스겔	1	2	3	4	5	6	7	8	9	10	11	12	13	14	15	16	17	18	19	20	21	22	23	24	25	26	27	28	29	30
	31	32	33	34	35	36	37	38	39	40	41	42	43	44	45	46	47	48												
다니엘	1	2	3	4	5	6	7	8	9	10	11	12																		

◆ 읽은 장은 / 표시 하세요
◆ 하루 3장 주일 5장 읽자(1년1독)

책														
호 세 아	1	2	3	4	5	6	7	8	9	10	11	12	13	14
요 엘	1	2	3											
아 모 스	1	2	3	4	5	6	7	8	9					
오 바 댜	1													
요 나	1	2	3	4										
미 가	1	2	3	4	5	6	7							
나 훔	1	2	3											
하 박 국	1	2	3											
스 바 냐	1	2	3											
학 개	1	2												
스 가 랴	1	2	3	4	5	6	7	8	9	10	11	12	13	14
말 라 기	1	2	3	4										

신약성서

마태복음	1	2	3	4	5	6	7	8	9	10	11	12	13	14	15	16	17	18	19	20	21	22	23	24	25	26	27	28
마가복음	1	2	3	4	5	6	7	8	9	10	11	12	13	14	15	16												
누가복음	1	2	3	4	5	6	7	8	9	10	11	12	13	14	15	16	17	18	19	20	21	22	23	24				
요한복음	1	2	3	4	5	6	7	8	9	10	11	12	13	14	15	16	17	18	19	20	21							
사도행전	1	2	3	4	5	6	7	8	9	10	11	12	13	14	15	16	17	18	19	20	21	22	23	24	25	26	27	28
로 마 서	1	2	3	4	5	6	7	8	9	10	11	12	13	14	15	16												
고린도전서	1	2	3	4	5	6	7	8	9	10	11	12	13	14	15	16												
고린도후서	1	2	3	4	5	6	7	8	9	10	11	12	13															
갈라디아서	1	2	3	4	5	6																						
에베소서	1	2	3	4	5	6																						
빌립보서	1	2	3	4																								
골로새서	1	2	3	4																								
데살로니가전서	1	2	3	4	5																							
데살로니가후서	1	2	3																									
디모데전서	1	2	3	4	5	6																						
디모데후서	1	2	3	4																								
디 도 서	1	2	3																									
빌레몬서	1																											
히브리서	1	2	3	4	5	6	7	8	9	10	11	12	13															
야고보서	1	2	3	4	5																							
베드로전서	1	2	3	4	5																							
베드로후서	1	2	3																									
요한1서	1	2	3	4	5																							
요한2서	1																											
요한3서	1																											
유 다 서	1																											
요한계시록	1	2	3	4	5	6	7	8	9	10	11	12	13	14	15	16	17	18	19	20	21	22						

파워 전도 수첩

초판인쇄	2016년 2월 19일
1쇄 발행	2016년 2월 25일
발 행 인	황경자
발 행 처	도서출판두돌비
주　　소	서울시 중랑구 동일로 107길 12
전　　화	02)964-6993
팩　　스	02)2208-0153
홈페이지	http://www.153books.co.kr
I S B N	978-89-85583-12-3
정　　가	5,000원